U0604317

南昌大学青年学者经管论丛

中国均衡性转移支付
有效性评估

基于公平与效率视角

RESEARCH ON EFFECTIVENESS EVALUATION OF
EQUALIZATION TRANSFER EXPENDITURE
IN CHINA
—BASED ON THE PERSPECTIVE OF
FAIRNESS AND EFFICIENCY

丁玮蓉　著

社会科学文献出版社
SOCIAL SCIENCES ACADEMIC PRESS (CHINA)

中文摘要

　　均衡性转移支付经过二十多年的发展，已经成为我国财政转移支付的重要组成部分，随着均衡性转移支付的相对作用和地位的不断提升，其政策实施的效果及制度设计的合理性受到学术界的广泛关注。对我国均衡性转移支付的有效性评估，有助于探寻其制度设计内在的缺陷和问题，为进一步规范和完善均衡性转移支付制度提供科学依据，因此具有非常重要的现实意义。

　　均衡性转移支付本质上是中央政府为实现公平与效率的收入再分配手段，效率和公平的集中体现是公共服务均等化和地区间协调发展，合理有效的均衡性转移支付制度应当兼顾公平与效率，既要发挥均衡政府间财力的作用，又要注重激励地方财政积极性，保证经济运行与财政运行效率。因此，有效的均衡性转移支付制度的运行效果应包含以下三个方面：第一，确保均衡性转移支付的资金分配具有财力均等化作用；第二，确保其对地方政府的财政收支行为具有正向激励效应，不会降低地方政府的公共服务供给积极性和税收努力程度；第三，确保均衡性转移支付资金的使用效率，提高公共服务供给水平，最终实现均衡性转移支付的政策目标——公平与效率。实证结果显示：我国现行的均衡性转移支付在其制度设计和政策实施上一定程度上兼顾了公平与效率，对其政策作用应给予一

1

定的肯定,但由于均衡性转移支付制度仍保留了原体制的一些特征,在很大程度上强调地方既得利益,因此阻碍了均衡性转移支付有效性的发挥,使其不能为公共服务均等化和地区间协调发展提供非常好的基础。

基于以上结论,本书提出如下均衡性转移支付的优化路径:第一,进一步加大均衡性转移支付比重,充分发挥其财力均等化作用及"一般公式法"分配法的优势,避免造成转移支付的效率损失。第二,完善均衡性转移支付资金的分配办法,应以地方政府的人均标准财政收支差额作为核算的依据,并在地方"标准支出"的核算时加入"地区间某项支出的成本差异系数"来避免地区间公共支出的成本差异,以此提高均衡性转移支付资金分配的科学性和合理性。第三,在均衡性转移支付制度当中设计激励机制和约束机制,提高地方政府足额征集财政收入和发展本地经济的积极性,保障地方政府收支行为的规范化,规避地方政府的道德风险。第四,构建一套完整、客观、科学的均衡性转移支付的评估和监督体系,对均衡性转移支付资金使用绩效进行评估,提高公共服务供给效率;同时制定规范的均衡性转移支付配套措施,完善与均衡性转移支付制度相关的法律法规体系,为均衡性转移支付监管工作提供多层次的法律保障,实现均衡性转移支付资金分配的公平性和透明化,只有这样才能够兼顾效率与公平,最终实现地区间协调发展和公共服务均等化。

关键词:均衡性转移支付有效性　公平与效率　地区财力均衡效应　均衡性转移支付激励效应　均衡性转移支付制度优化

Abstract

Equalization transfer payment is developed from the transition period transfer expenditure in 1995. After more than twenty years of development, it has become an important part of general transfer expenditure in our country. therefore, The effect of its policy implementation and the rationality of the system design have a crucial role in the entire financial system. Evaluation of the effectiveness of equalization transfer payment in China, help to explore the design of the system inherent shortcomings and problems, and provide scientific basis for further standardize and improve the balance of the transfer expenditure system, has very important practical significance.

Equalization transfer payment is essentially the central government's redistribution of income, to achieve fairness and efficiency. The concentrated reflection of efficiency and fairness is the equalization of public services and regional coordinated development. A reasonable and effective Equalization transfer payment system should be both fairness and efficiency, we should play the role of government financial balance, but also pay attention to the incentive of local finance initiative, to ensure economic operation and financial efficiency. Therefore, effective Equalization transfer payment system's running effect to include the following three aspects:

first, to ensure that the distribution of funds Equalization transfer payment has reverse adjust local financial equalization effect; Second, make sure its fiscal revenue and expenditure of local government behavior has a positive incentive effect, not distortion of local government public service supply and tax effort; Third, to ensure the equalization transfer payment funds use efficiency, improve the efficiency of public service supply, thus ensuring equalization transfer payment of policy effects, to achieve fairness and efficiency. The empirical results show that: this paper argues that: the current equalization transfer payments in its system design and policy implementation in a certain extent, balance the fairness and efficiency, the policy effect should be sure, but due to equalization transfer payment system is still retained some of the characteristics of the original system, emphasis on local vested interests to a great extent, therefore impedes the development of the validity of the Equalization transfer payments, make its cannot provide equal public services and regional coordinated development better.

Based on the above conclusions, in order to further improve the validity of the balance transfer expenditure system in our country, this book proposes the following optimization path of equalization transfer payment: First, to further increase the proportion of Equalization transfer payment, to become the main form of the financial transfer expenditure, give full play to the role of financial equalization and "general formula method" distribution method, to avoid the loss of efficiency of transfer expenditure; Secondly, perfect Equalization transfer payment allocation system with the local government's per capital standard fiscal balance as the basis of accounting, and accounting in place "standard spending" join "cost variance coefficient of regional spending" to avoid the cost difference in public spending, and between regions in order to improve equalization transfers the scientific nature and feasibility of capital allocation; Thirdly, design the incentive mechanism and restriction mechanism in the equalization of the transfer expenditure system, improve the enthusiasm of the local government economic development, the full collection of Finance Income, to ensure the standardization of local government revenue and expenditure behavior, to avoid the local government's moral hazard. In addition, to build a complete and balanced objective and scientific transfer expenditure assessment and supervision system of equalization transfer payment funds performance evaluation, improving the efficiency of public service; at the same time, establish a standard of equalization transfer payment measures, improve the system of laws and regulations related to the equalization transfer payment system. The supervision work to provide a multi-level legal protection for equalization transfer, conducive to the realization of e-qualization transfer payment fairness and transparency in the allocation of funds, to be able to balance between efficiency and fairness, finally realize the coordinated development between regions and equalization of public services.

Keywords: Equalization transfer payment effectiveness; Fairness and efficiency; Regional financial equilibrium effect evaluation; Evaluation of incentive effect of equilibrium transfer payment; Equilibrium transfer expenditure system improvement.

1 导论 ……………………………………………………………… 1

　1.1 研究背景及研究意义 ………………………………………… 1

　1.2 主要概念的界定及国内外研究综述 ……………………… 3

　1.3 研究方法与研究框架、创新点与不足 ………………… 20

2 均衡性转移支付的相关理论 ……………………………… 26

　2.1 均衡性转移支付的目标：公平与效率 ………………… 26

　2.2 均衡性转移支付对地方财政收支的影响效应 ………… 32

　2.3 均衡性转移支付的福利经济学解释 …………………… 39

3 均衡性转移支付制度的现状分析 ………………………… 44

　3.1 均衡性转移支付资金的分配和测算 …………………… 44

　3.2 均衡性转移支付规模及比重分析 ……………………… 48

　3.3 我国现行均衡性转移支付存在的问题 ………………… 51

　3.4 国外均衡性转移支付制度发展概况 …………………… 54

4 现行均衡性转移支付财力均等化效果评估 ……………… 65

　4.1 均衡性转移支付财力均等化作用的

　　　评估方法 …………………………………………………… 65

　4.2 均衡性转移支付财力均等化作用的

　　　实证分析 …………………………………………………… 67

　4.3 本章小结 ………………………………………………… 70

5 现行均衡性转移支付制度的激励效应评估 …………………… 72

5.1 均衡性转移支付制度与地方政府财政收入行为 ………… 72

5.2 均衡性转移支付制度与地方政府财政支出行为 ………… 90

6 现行均衡性转移支付的公共服务供给效率评估 …………… 117

6.1 我国转移支付的公共服务供给效率的研究概况 ………… 117

6.2 基本公共服务投入产出效率改进的测算方法 ………… 119

6.3 基本公共服务投入产出效率改进的测算 ………… 123

6.4 均衡性转移支付的公共服务供给效率评估 ………… 127

6.5 本章小结 …………………………………………………… 133

7 结论与政策建议 …………………………………………… 136

7.1 对我国现行均衡性转移支付有效性评估的基本

结论 …………………………………………………… 136

7.2 完善我国均衡性转移支付制度的政策建议 …………… 140

参考文献 …………………………………………………… 148

CONTENTS

1 Introduction ·· 1

   1. 1 Research background and research significance ················ 1

   1. 2 The definition of the main concepts and a summary of
       research at home and abroad ································· 3

   1. 3 Research methods and research frameworks, innovation
       points and shortcomings ······························· 20

2 The related theory of equalization transfer payment ············ 26

   2. 1 The objective of equalization transfer payment:
       fairness and efficiency ······························· 26

   2. 2 Effect of equalization transfer payment on local fiscal
       revenue and expenditure ······························· 32

   2. 3 The welfare economics explanation of equalization
       transfer payment ······································· 39

**3 An analysis of the current situation of equalization
  transfer payment system** ································· 44

   3. 1 The distribution and calculation of the equalization
       transfer payment funds ······························· 44

   3. 2 Analysis of the scale and proportion of equalization
       transfer payment ······································· 48

3. 3　The existing problems of the current equalization
transfer payment in China. ·· 51

3. 4　An overview of the development of foreign equalization
transfer payment system ·· 54

**4　Evaluation of financial equalization effect of current
equalization transfer payment** ·· 65

4. 1　An evaluation method for the equalization of
equalization transfer payment ·· 65

4. 2　An empirical analysis of the equalization of
equalization transfer payment ·· 67

4. 3　Summary ·· 70

**5　The assessment of the incentive effect of the current equalization
transfer payment system in China** ·· 72

5. 1　Equalization transfer payment system and local
government revenue behavior ·· 72

5. 2　Equalization transfer payment system and local
government expenditure behavior ·· 90

**6　Evaluation of the efficiency of public service supply in
current equalization transfer payment** ·· 117

6. 1　A survey of the efficiency of the supply of public
services in China's transfer payment ·· 117

6. 2　Calculation method for improving input-output
efficiency of basic public service ·· 119

6. 3　Calculation of input-output efficiency improvement of
basic public service ·· 123

6. 4 Evaluation of the efficiency of public service supply in equalization transfer payment ································ 127

6. 5 Summary ································ 133

7 Conclusions and policy recommendations ················ 136

7. 1 The basic conclusion of the effectiveness evaluation of the current equalization transfer payment in China ············· 136

7. 2 Policy suggestions on improving the equalization transfer payment system in China ································ 140

Reference ································ 148

1 导论

1.1 研究背景及研究意义

随着我国分税制财政体制改革的全面推进，政府间财政转移支付制度逐步建立起来，其已成为缓解政府利益矛盾与冲突的主要手段。其中，均衡性转移支付是中央政府不规定具体用途、由地方政府自主分配，以实现区域间基本公共服务均等化、缩小区域间财力差距为目标的一种转移支付形式。从 1995 年开始实施到现在，其已逐渐成为地方财政收入的重要来源之一。随着均衡性转移支付相对作用和地位的不断提高，其政策实施的效果及制度设计的合理性，受到学术界的广泛关注。然而，从目前的制度运行效果来看，均衡性转移支付并没有很好地实现中央政府的政策目标，主要表现在：公共服务水平的提升速度明显滞后于经济的发展速度，部分地区的公共服务水平还不能满足人民需求；基本公共服务水平和质量的差距随着政府公共支出水平的逐年提高而越发明显。这是经济的快速增长、人民的生活方式及生产方式日新月异，使得均衡性转移支付的制度环境也随之不同，制度异化问题也接踵而至。鉴于此，本书基于公平和效率的视角，评估均衡性转移支付的有效性，探寻其制度设计内在的缺陷和问题，这对于进一步规范和完善均衡性转移支付制度具有重要的现实意义。

第一，弥补地方政府财力缺口，调动地方政府财政积极性。分税制改革后，中央与地方政府的财权划分明确，但事权的界定尚不清晰，地方税体系不健全，地方政府事权和财权不相匹配，各级政府间存在明显的矛盾和冲突，中央政府通过均衡性转移支付的形式补贴给地方政府提供公共服务，然而"强转移支付，弱地方税"，使得地方政府过分地依赖中央转移支付，形成财政体系的负向激励。因此，必须建立科学的资金分配依据，加大均衡性转移支付的分配透明度，优化财政转移支付结构和模式，加强对地方政府财政的正向激励效应。

第二，实现基本公共服务均等化，保证公平与效率。我国幅员辽阔，不同地区地理位置、资源的差异造成收入分配和经济发展水平有很大差距。经济发达地区有充足的财力提供公共商品，而欠发达地区的财力水平难以满足需要，使得不同地区的公民所享受的公共服务差别很大，这不符合社会的公平、正义，不利于社会的和谐稳定。从我国当前均衡性转移支付资金分配的情况来看，现行制度没有完全体现公平原则，违背了均等化的目标，扩大了地区间的贫富差距。因此，在资金配置上，改革和完善现行的均衡性转移支付制度一定要做到公平优先，兼顾效率，既要保持发达地区的财政积极性，有助于提高公共服务的水平和能力，又要加大对落后地区的财政支持，使地区间公共服务协调发展。

第三，科学配置均衡性转移支付资金，提高其使用效率。均衡性转移支付在平衡地方公共服务水平、弥补地方财政收支差距上发挥着重要作用，但在均衡性转移支付资金运行过程中存在软约束，很大程度上被其他公共支出所挤占；同时，缺乏有效的均衡性转移支付公共服务的绩效考核机制，使得均衡性转移支付资金使用效率较低，难以达到其政策目标。所以，在对各级公共部门的财政及行政权力进行明确界定的基础上，通过加入反映经济社会发展及自然资源等客观因素，合理、科学地分配均衡性转移支付的资金，并保证预算硬约束，提高均衡性转移支付资金的使用效率。

第四，强化中央宏观调控能力，促进经济稳定发展。在我国市场经济体制改革进程中，作为财政政策重要组成部分的均衡性转移支付制度，它是我国宏观调控的主要手段，它的科学性、合理性直接关系到中央宏观调控作用的有效发挥。所以要加快改革和完善均衡性转移支付制度，使其发挥财政政策的功能，确保中央宏观调控的有效实施，保证我国社会经济稳定发展。

1.2　主要概念的界定及国内外研究综述

1.2.1　均衡性转移支付的概念及演变

根据公共经济理论，均衡性转移支付是上级政府根据地区间人口、资源、贫富等因素的差异，客观核定下级政府标准收入与标准支出间的差额，并根据差额来确定拨付给下级政府资金数额的一种财政补助形式，是为实现公共服务均等化和地区间协调发展的重要制度安排。

中央政府对所拨付的均衡性转移支付资金不规定具体用途，接受转移支付的地区可以自主决定其使用，因此均衡性转移支付也称为无条件拨款，它以解决纵向和横向的财政不平衡为其最主要的政策目标，通过平衡地方政府预算来缩小地方政府之间财力差距，促进地区间公共服务均等化和各地区协调发展，最终实现公平与效率。

在财政一般预算收支平衡表中，均衡性转移支付的名称几经变化，其源于 1995 年的过渡期转移支付，2002 年更名为"一般性转移支付"，2009 年正式定名为"均衡性转移支付"。其发展脉络如下：1994 年，为规范政府间财政关系，提高"两个比重"①，中央政府开始实行分税制改革。分税制改革伊始，中央财政实力严重不足，尚无能力构建规范的转移支付制度，为了保护各地方政府的既得利益，中央政府继续沿用原有财政包干体制下的税收返还、体制补助、体制上解、结算补助等财政制度来缓解中央财政的压力。1995 年，分税制改革初见成效，中央政府集中财力的目标得以初步实现，中央财政立足中国实际，借鉴欧美发达国家规范的财政转移支付制度的成功经验，颁布并实施《过渡期转移支付办法》，暂时实行过渡期转移支付制度，其后逐步向规范化的转移支付制度靠拢。2002 年，我国实行所得税收入分享改革，在改革办法中规定：因所得税收入分享改革集中的收入和原过渡期转移支付资金合并，作为对财政困难地区的财政资助，统称为"一般性转移支付"。"过渡期转移支付"概念废止，并初步确立了我国一般性转移支付规模稳定增长机制。此时，一般性转移支付分为普通转移支付、民族因素转移支付、革命老区转移支付和边境地区转移支付，从2006 年起，为强化管理，更有利于缓解"老少边穷"地区财政资金困难，一般性转移支付中的革命老区转移支付和边境地区转移支付从其中剥离出来，由中央政府单独下达。直到 2009 年，一般性转移支付正式更名为"均衡性转移支付"，原财力性转移支付更名为"一般性转移支付"。从此，我国中央对地方的财政转移支付简化成了一般性转移支付、专项转移支付、税收返还三种类型，政府间再分配关系得到进一步规范。均衡性转移支付概念的演变如图 1－1所示。

---

① "两个比重"指财政收入占 GDP 的比重和中央财政收入占全国财政总收入的比重。

图 1 - 1　均衡性转移支付概念的演变

基于以上对概念的梳理可以发现，我国 1995～2002 年的过渡期转移支付、2002～2009 年的一般性转移支付和 2009 年至今的均衡性转移支付的性质和统计口径都没有发生太大改变，故本书在研究过程中统一使用 2009 年更名之后的"均衡性转移支付"这个名称。

1.2.2　均衡性转移支付的有效性内涵的界定

对均衡性转移支付的有效性评估是为了合理科学地配置财政资金，确保资金的使用效率，实现对地方政府的最优契约激励机制，这不仅是均衡性转移支付绩效评价的核心内容，也是促进均衡性转移支付政策目标实现的必然要求。对均衡性转移支付有效性的评估主要指对"制度的有效性"的评估。均衡性转移支付属于政府公共支出，并且是一种无偿的支出，在上下级政府间无偿转移。所以，对均衡性转移支付的有效性评估不能按传统的公共支出绩效评价中的有效性那样按照"成本—收益法""最低成本法"等方法来测算和衡量，本研究中的均衡性转移支付的"有效性"是遵循客观性、可靠性以及公平性原则，按照一定的标准、程序，通过定量定性分析的方式，基于均衡性转移支付的最终目标——"公平与效率"的视角，对均衡性转移支付的财力均等化效果、对地方政府行为的激励效应以及公共服务供给效率进行综合评价。具体如下所述。

1.2.2.1 对均衡性转移支付的财力均等化效果评估

改革开放后，地区间的自然资源和经济发展状况的差异使得地方政府的财政能力也显著不同，这不仅会带来公共服务不均等等一系列社会问题，还会给我国带来一系列的社会矛盾，从而影响我国的和谐稳定发展。均衡性转移支付以地区间财力均等化为其重要职能和政策目标，地区间财力公平一直被认为是实现居民财政公平的基础。均衡性转移支付按照标准"因素法"，测算地方政府的标准支出和标准收入，地方政府根据标准收支差额和转移支付系数，获得数额不等的财政补助，所以地区的财力状况是决定该地区获得均衡性转移支付规模大小的很重要的因素，贫困地区获得均衡性转移支付后财力增加，减小与富裕地区的经济发展水平差距，使得区域经济发展更协调，产业结构更合理，资源配置效率更高，同时也会带来更大的发展空间。因此，对均衡性转移支付财力均等化效果的评估是均衡性转移支付有效性评估的基础。

1.2.2.2 对均衡性转移支付的激励效应评估

对均衡性转移支付的激励效应评估分为"均衡性转移支付对地方政府的财政收入行为的激励效应评估"和"均衡性转移支付对地方财政支出及其结构的影响效应评估"。具体分析如下所述。

1. 均衡性转移支付对地方政府的财政收入行为的激励效应评估。这是由于：地方政府得到上级的均衡性补助后，一方面，由于均衡性转移支付资金缓解了地方政府的财政压力，可能使得地方政府就没那么大的动力来增加自有收入，从而降低企业税负，也就是说均衡性转移支付抑制了地方政府的财政努力；另一方面，地方政府可能通过地区间的税收竞争来改善本地区的投资环境，这可能带来更多的资本流入，从而促进经济增长。因此，评估均衡性转移支付对地方政府的财政收入行为是否具有正向激励效应就非常有必要。

2. 均衡性转移支付对地方财政支出及其结构的影响效应评估。
这是因为：均衡性转移支付增加了地方政府的可支配财力，这显然
会使地方政府增加公共支出，贫困地区有能力提供更多的公共服务，
从而促进公共服务均等化，然而，每一个政府官员都是追求个人效
用最大化的"理性的经济人"（尼斯坎南，1973）。这样一来，地方
公共部门在得到均衡性转移支付之后，倾向于加大支出规模，可能
会带来多余的、不必要的行政支出。此外，我国财政分权体制下特
有的晋升考核激励使得地方政府官员一味地追求 GDP 的增长，从而
带来高额的经济建设支出，并且，地方政府对上级均衡性转移支付
带来的支出水平的增加会大于本地税收收入增长所带来的支出水平
的增加，也就是可能导致"粘蝇纸效应"，这样往往会使得地方政府
漠视公众需求造成社会所需的公共商品和服务的短缺。因此，考察
均衡性转移支付是否能使地方政府提高公共服务支出水平，评估均
衡性转移支付对地方财政支出及其结构的影响效应，有助于实现地
区间公共服务均等化。

1.2.2.3　对均衡性转移支付公共服务供给效率的评估

地方政府提供公共服务有着政治和经济两个方面的目标，但有
时这两个方面的目标相互矛盾，一方面，地方政府在得到中央的均
衡性转移支付后，由于其"无条件、无配套、无具体使用用途"的
特性，中央政府对均衡性转移支付资金的使用又缺乏有效的监管机
制，再加上公共部门的垄断性和非营利性，都容易使得公共部门在
维持自身运转和履行职能时浪费资源，产生地方政府"X 低效
率"①，"X 低效率"的存在使得均衡性转移支付不仅会加剧组织机

---

① "X 低效率"这一术语最早是由 H. 莱本斯坦在 1996 年提出的，它是指组织由于非配置原
因没有充分利用资源的一种状态，均衡性转移支付的"X 低效率"指的就是：地方政府
由于非配置原因没有充分利用均衡性转移支付资金的一种状态。

构的涣散和腐败程度，还会降低公共服务供给效率，造成财政资源的浪费。另外，如果地方政府利用其垄断性滥用手中的权力，过分追求个人效用的最大化，这时候地方政府就不会追求资源利用的经济效率，使得财政支出规模不断扩大，一味地追求产出，造成公共服务的投入过剩，导致规模效率低下。因此，均衡性转移支付所带来的地方政府行为的变化也可能会造成公共服务供给效率的变化。

通常都以 20 世纪 80 年代初西方国家开始遵循的"3E"（Economic、Efficiency、Effectiveness）原则作为公共服务效率评估指标体系的构建原则，即从经济、效率、效果三个角度构建标准体系。我们采用 Ghobadian & Ashworth 评估模型来探讨均衡性转移支付对公共服务的投入产出与影响值指标间的关系（见图 1 - 2）。对于地方政府而言，在上级政府拨付的均衡性转移支付资金总量（投入）确定的情况下，就可以知道这些资金支持了哪些具体的公共服务（产出），虽然均衡性转移支付资金的投入和公共服务的产出之间不是严格的一一对应的关系，但是这些产出和效果都是某项公共服务投入所带来的结果，这样一来，本书对均衡性转移支付公共服务供给效率的评估就可以转变为对这种投入产出效率的评估，然后再考察均衡性转移支付对公共服务经济效率的提升效果。

图 1 - 2　**Ghobadian & Ashworth 模型**

因此，对均衡性转移支付的公共服务供给效率的评估首先要对公共服务经济效率进行评估。公共服务经济效率是指在地方政府公共支出"投入"既定的情况下实现公共服务"产出"的最大化，或者在公共服务"产出"既定的情况下实现地方政府公共支出"投入"的最小化，因此，公共服务经济效率就是公共服务投入产出效率。公共服务经济效率包括公共服务资金配置效率和公共服务状况提升效率两个方面，分别用来反映在公共服务方面各地区的"生产有效性"和"管理有效性"，即以最小的财政支出实现基本公共服务水平最大的提升来衡量均衡性转移支付资金在配置和使用过程中的规范性（尽可能小的投入得到尽可能多的产出），也称之为"基本公共服务资金配置效率"。

另外，由于均衡性转移支付是以提高地方公共服务水平、实现公共服务均等化为其政策目标，因此，我们要进一步考察均衡性转移支付对公共服务供给效率改进的影响，以此来评估均衡性转移支付在公共服务供给方面的有效性。

1.2.3 均衡性转移支付的均等化作用

Abramowitz（1985）指出，政府间的转移支付对平衡地区间的财力差距有明显的作用，可以加强落后地区吸纳发达地区技术的能力，提高公共服务水平，从而使得地区间经济社会发展水平的差距减小，从而实现公共服务均等化。纵观已有文献，张启春（2005）认为，如果不考虑转移支付制度，那么不管是预算内的财政收支，还是预算外的财政收支，以及各个地方的财政收支其差距都会逐年扩大，并且人均财政收支的差距更加明显。但是如果考虑转移支付制度，那么这种差距就会缩小，且从财政收入的变异系数来看，这种差距还可能越来越小，因此转移支付对于平衡地方政府的收支差距具有较为重要的作用。江杰和李志慧（2006）基于湖南省的数据对转移支付均等化作用进行实证研究后也得出了类似的结论。湖南的转移支付的均等化作用和转移支付制度下的地方财政收支能力都呈上升的趋势，即湖南省对县级政府的转移支付是能够缩小该地区的财力差距的。曹俊文和罗良清（2006）通过对 1996 年到 2003 年样本的研究，认为在区分不同经济发展水平的前提下，我国的转移支付政策对经济发展较为滞后的西部地区倾斜，说明转移支付制度在平衡地区间的差距时起到了重要作用，特别是对欠发达地区的扶持力度更大，有助于加快其经济的发展，但当财力差距缩小后，转移支付资金分配的不合理，也会导致其平衡财力差距的作用失效。

有的研究结论相反，认为：转移支付制度对于平衡不同地区的财政收支差距具有一定作用，但是效果不甚明显。葛乃旭（2005）将样本数据分为改革开放前和改革开放后两个部分，并通过测算财政能力系数和基尼系数的大小，对财政转移支付的均等化效应做出判断，其通过研究分析得到我国的转移支付制度对平衡地方财力差距具有一定作用，但是并不明显，对于呈现的越来越大的地区差距来说，均等化作用显得较为薄弱。张明喜（2006）和宋小宁、苑德宇（2008）认为总体上转移支付不仅没有起到均等化作用，反而加剧了地区间财力不均等。贾晓俊（2009）通过基尼系数分解方法得出结论：我国转移支付制度没有发挥横向均衡效应，其中，税收返还、专项转移支付等是非均等性最强的转移支付形式，原体制上解起到了均衡省级财力差异的作用，但作用非常有限。

还有的研究对不同类型的转移支付的财力均等化效果进行比较分析，对税收返还会扩大地方之间非均等化程度的结论较为一致，但对均衡性转移支付是否具有均等化作用的结论并不统一，具体有：刘亮（2006）研究了1997~2003年各类转移支付对政府间财力均等化的影响，认为均衡性转移支付按照规范和公正的原则，客观确定各地区财政的标准收入和标准支出，能够有效调节地区间财力差异。涂立桥（2013）采用基尼系数方法对1999~2011年我国省级财力差异进行测算，并采用线性回归方法对中央转移支付的财力均衡效果进行实证分析，研究结果显示：中央转移支付在整体意义上起到了省际财力均等化的作用，其中一般性转移支付均等化效果最明显，专项转移支付的财力均等化作用不显著，税收返还反而增加了省际财力的不平衡。铁卫等（2012）、田发（2010）、胡德仁（2009）分别采用极差值率、基尼系数和相对集中系数来分析研究中央各种形式的转移支付对地区间财力均衡的作用，结论是财政转移支付在整体上看具有均等化效应，其中一般性转移支付均等化效果最好，专项转移支付次之，税收返还的效果最差。并且，地区间财政收入差异是造成财力差异的最主要原因。

而 Shah 和 Shen（2006）、Tsui（2005）、尹恒等（2007）认为，均衡性转移支付会扩大地区间的财力不平衡；解垩（2007）利用1995～2004年的数据实证估计发现，不同类型和性质的转移支付对地方公共品供给存在明显差异，其中税收返还拉大了城市和农村的公共品供给水平的差距，同时，专项转移支付以及财力性的转移支付也没有缩小城乡和农村的公共品供给水平的差距。

1.2.4 均衡性转移支付与地方政府财政收入

从已有文献中发现，均衡性转移支付对地方政府的收入有两方面影响：一是转移支付和地方政府的征税努力的关系。博弈论对此做出了解释：假设地方政府是理性人，追求财政收入和 GDP 最大化。地方政府在保证收支平衡的同时，又要保证非公共部门拥有足够的社会财富来促进地方经济发展，也就是说地方政府面临着两难选择：一方面希望能增加收入；另一方面又不能无限制地征税收费，这使得争取中央转移支付成为地方政府的必然选择，但可能因此造成有的地方政府为争取中央的转移支付财政努力度的减弱，有意不努力征税，造成"藏富于民"的资源配置低效率。二是转移支付对地方税收竞争的影响，但已有的关于这两方面的实证研究仍然没有一致公认的结论。

Bahl Roy（1971）认为富裕地方的政府财政努力程度会因为中央政府的均等化财力转移支付制度而降低，即政府在利用均衡性转移支付来调整各地区的财政差异时，会对地方政府财政努力产生负向激励，这就削弱了中央转移支付的政策效果。Garima Vasishtha（2000）基于印度的 1993 年和 1994 年的数据得出：上级政府拨付给下级政府的转移支付会降低财政努力程度。Litvack 等（1998）认为地方政府往往会用转移支付替代征税，于是减少征税努力。James R. Follain（1979）基于美国 10 个中心城市的政府支出数据，采用最大似然估计回归方法分析均衡性转移支付对税收努力的影响，回归结果表明地方政府的税收努力程度不会因为均衡性转移支付降低。"粘蝇纸效应"（flypaper effect）使得转移支付的规模变大，其效应也会随之增大，这说明地方政府并不珍惜上级政府的转移支付，而更加珍惜的是税收收入增加所带来的预算支出的增加（Oates，1994），但是 Gramlich（1987）的研究得出的结论却与之不同，他认为中央政府减小其转移支付规模时，地方政府会努力提高其征税的努力程度，这种财政支出和收入的缺口就能得到满足。而且 Stine（1994）、Gamkhar 和 Oates（1966）则通过实证研究证明了这种"粘蝇纸效应"，认为减少转移支付，并不能提升政府的财政努力程度。

Kothenburgen（2002）发现：地方政府因为提高税率会带来较大的税收流失，但却会得到更高的转移支付作为补偿，这就使得地方政府仍然会选择较高的税率。Smart（2009）认为当地方政府提高税率导致税源外流与财力减少时，转移支付是向税收竞争中执行高税率地区的一种补贴，即转移支付制度实际上造成了税率的提高。Gaigne 和 Riou（2004）认为，在经济一体化和私人部门的竞争不完全的情况下，税收和税基均等化会降低财政的外部性，基于财政收入均等化的转移支付会弱化税收竞争并导致更有效率的税率。Hindriks、Peralta 以及 Weber（2008）认为，税收会让资本流失，而公共投入又能够吸引资本，那么均等化的转移支付对公共收入和公共支出会产生截然不同的效应。因为公共投资的增加会使得地方政府在税收竞争中获得更大的收益，如果没有转移支付的均等化作用，地区之间就会面临更激烈的税收竞争。而如果存在均等化的转移支付影响，地方政府的财政收入的边际保留率就会下降，这虽然会降低地方政府的投资积极性，但对地方政府的税收努力程度影响却不大。

在我国的分税制财政体制下，地方政府的总收入主要分为两部分，一部分是政府的转移支付；另一部分则为自身收入，地方政府的收入行为会受到中央对地方的转移支付制度的显著影响，主要表现在对优惠政策的争取和对征税努力程度的选择等方面。由于中国现行高度统一的税收立法权，地方政府一般没有权力决定税率设定和税种开征，但地方政府间为争取税源经常因为政治绩效考核等目标而采用影响实际税率的税收竞争策略，如税收优惠等。同时地方企业所面临的法定税率和实际税率也会因为税收征管存在不对称信息而不尽相同。近些年来，这方面的研究主要有以下观点。

乔宝云等（2006）基于1994～2000年省级面板数据构建了一个简单的模型，在地方政府的财政努力和政府间的转移支付关系研究中，其认为地方政府的财政努力程度会受到转移支付制度的抑制，同时经济越不发达的地区，其财政努力程度越高，而经济越发达的地区，其财政努力程度越低，从而使得各个地区的财政差距逐步拉大。刘小勇（2012）的研究认为，地方政府的财政努力程度会因转移支付的提高而降低，也就是说，地方政府获得的转移支付占财政收入的比例越高，则越会影响提高自身的财政努力程度，而且这种影响存在惯性，也就是说，之前的转移支付数量和收入分成比例会对现在的财政努力程度造成影响。胡祖铨等（2013）以1997～2010年省级面板数据为依据，分析了均衡性转移支付、配套及总量影响地方征税努力的程度，研究表明均衡性转移支付及其总量对地方征税努力有抑制作用，但专项转移支付对征税努力却有促进作用。另外，税收竞争对于地区的经济发展更为重要，能够带动资本要素的流入，改善本地区的投资环境，提高全国经济中本地区的相对地位。在以经济指标为主要考核内容的地方官员晋升机制下，转移支付对地方政府的财力补充加剧了地方政府经济建设性支出偏好，这样，转移支付对地方征税努力有着正向效应。

梁红梅、杨莉（2008）认为税收竞争之所以愈演愈烈，关键是因为转移支付制度的不完善。分税制的财政体制，降低了地方政府的财力水平，必然会导致地方政府的财政收支产生差距，而转移支付正好能弥补这种差距。均衡性转移支付制度还存在旧体制特征，路径依赖表现得尤为明显，均贫富的作用未能有效实现，不愿放弃地方既得利益。而又没有科学的标准和依据指导中央政府对地方政府的专项拨款，因此中央政府对地方政府的分配很难做到公平、公正、有效率，特别是某些专项的转移支付是按照定额或者定比的方式分配，这会使得地方政府努力寻求专项配套的财源，也影响了专项转移支付对经济不发达地区的支持，导致税收竞争愈演愈烈，其根结在于转移支付制度不完善。李永友（2015）在控制了区位、经济水平等因素影响后，得出无论是对财政竞争工具的直接效应，还是通过影响反应函数斜率对财政竞争工具的间接效应，中国转移支付机制都在整体上强化了地方政府间的税收竞争。

税收竞争所导致的收入减少可以由来自中央的转移支付来弥补，转移支付对地方税收会产生替代效应，对地方税收征管效率带来显著的负向影响，从而减弱了地区间税收竞争（李建军、肖育才，2012）。在现行分税制财政体制中，我国的政府竞争是"竞次"的（陶然等，2009），具体表现是地方政府为了参与财政竞争，经常通过提供低价土地、补贴基础设施、放松劳工标准和环保标准以吸引制造业流入本地；郭庆旺和贾俊雪（2006）发现在政治晋升和财政利益的双重激励下，地方政府为了招商引资，经常违规利用税收优惠政策。这导致企业的过度投资，加剧了经济波动的风险。吴俊培和王宝顺（2012）、吴俊培和陈思霞（2013）认为，我国省级税收竞争十分激烈，并且这种竞争是无序的，因此导致我国地方发展的不平衡。Dahlby 和 Warren（2003）的研究发现：均衡性转移支付通过税率效应和税基效应影响地方政府的税收行为；龚锋（2016）在研究中发现：中国均衡性转移支付对地方税收征管行为无显著影响，呈现中性效应，主要是因为我国均衡性转移支付制度安排限制了税基效应和税率效应的作用方向和力度。

1.2.5 均衡性转移支付与地方政府财政支出

美国经济学家 Bradford 和 Oates（1971）认为，地方政府从中央那里得到的转移支付与其自身的收入是没有区别的，因为在地方政府看来，这无非是增加了其可支配收入，而地方政府可以随意使用这笔收入，这种收入上的不同类型是可以相互替换的。所以，地方政府对于一次性补助与自有收入有相同的支出偏好，这被称为"面纱假说"，即从上级来的转移支付可以等同于中央政府的税收折扣。随后出现了很多学者对这方面问题进行研究，实证检验等额的地方居民收入增加和中央对地方无条件的转移支付在经济效应上是否等效时发现，转移支付并不存在"替代性"，有代表性的是 Gramlich 和 Galper 在 1973 年提出的：均衡性转移支付能够促进地方公共支出增加40%~100%，相比于居民收入的增加带来的5%~100%的增长，其扩大效应更明显。这被人们称为"粘蝇纸效应"，形象地说就是"钱粘在它所到达的地方"。

从此，关于研究中央的转移支付对地方政府支出的影响，基本上都是围绕着是否存在"粘蝇纸效应"及转移支付对地方政府支出决策的影响展开的：Feldstein（1975）基于马萨诸塞州政府给下一级政府财政拨款的案例，Case、Hines 和 Rosen（1993）基于联邦政府给各个州的政府拨款，Deller 和 Maher（2005）基于威斯康星州各市级政府财政收支数据，均得出了美国政府财政转移支付存在"粘蝇纸效应"。Logan（1995）认为由于无条件转移支付资金的存在，该效应会使拨款接受单位支出大幅增加，即"粘蝇纸效应"是双向的。Hines 和 Thaler（1995）认为转移支付会完全转变为政府的额外支出，也就是自有收入的效应小于转移支付对地方政府的支出效应。Cornesa 和 silva（2002）发现：信息不对称时，假如中央政府想利用转移支付去降低地方政府作为公共品供给者的资本效率的不均等时，地方政府有可能会隐瞒某些可以用低成本供给的公共品信息来赚取信息租金。Sagbas 和 Saruc（2004）则用土耳其的省级数据证实了土耳其也存在"粘蝇纸效应"，并在其研究结果中解释了不同地区的"粘蝇纸效应"的大小。Weingast（2006）认为地方政府会和中央政府产生博弈，并且很希望能够从中央政府的转移支付中获取利益，这种利益有利于地方政府公共品供给。Karnik 和 Lalvani（2008）通过印度 Maharashtra 的数据证实印度地方政府获得财政转移支付后，其行政费用并不会存在"粘蝇纸效应"。广义概念的公共品的"粘蝇纸效应"更强，而核心公共品的"粘蝇纸效应"相对较弱。Gamkhar 和 Oates（1996）通过研究发现"粘蝇纸效应"具有对称性，即当地方政府由于获得了中央的转移支付，公共支出水平会随之提高，但是如果中央的转移支付水平降低，则公共支出水平也会降低。但 Heyndels（2001）却认为这种对称性是不存在的，因为即使中央政府的转移支付减少，地方政府也不会随之减少其公共支出，它们可以通过提高其自有税收收入来实现。

郭庆旺、贾俊雪（2008）的研究显示：中央财政转移支付对发展公共交通基础设施和提高各省份公共医疗卫生服务均等化是有利的，但对公共基础教育服务的影响则不显著。卢盛峰（2011）实证分析了省级以下政府的转移支付对政府收支行为的影响，得出的结论显示，一般性的转移支付和政府支出行为存在明显的替代关系，然而专项转移支付和政府支出行为则表现为显著的互补效应，且地方政府反应过度的问题并不存在。尹恒、朱虹（2011）发现：地方政府财政收入得到改善之后，其公共支出将会倾向于基本建设，而不是公共服务和人力资本投资，2003 年之后转移支付均等化效果之所以得以提高，是由于地方政府支出结构倾向于公共服务均等化。付文林（2012）等基于面板数据构建了关于财政收支决策的反应函数的理论模型，分析得出转移支付确实存在"粘蝇纸效应"，并在另一个项目中，通过中央对各个地区的转移支付的比较研究发现，欠发达地区的政府支出水平会受到中央的转移支付影响，从而产生攀比之风，但转移支付并不明显影响地方基本公共服务类支出。

范子英（2010）基于 1995～2004 年的省级面板数据，构建了空间计量模型，分析得出，中央的转移支付水平提高使得地方政府的资金投入成本降低，从而加大了基础设施投资，导致地方政府发生腐败的可能；范子英、张军（2013）证实了在要素流动有所限制的情况下，相比于其他形式的转移支付，专项转移支付由于增加了配套条款，因此能够有效地解决中央政府的信息不对称问题，这一类型的转移支付对于降低地方政府的公共品投入成本具有显著作用，进而提升了地方公共品的供给水平，对于"吃饭财政"的未来困境有隐患作用。贾俊雪（2012）等利用空间计量的方法，用面板数据度量了中央财政转移支付对社会性支出、维持性支出、经济性支出竞争行为的影响，结论显示，中央转移支付总体上较为显著地影响了省级地方政府竞争性支出行为，其中，专项转移支付、财力性转移支付和税收返还的激励效应的差异较为明显；李永友、沈玉平（2009）等构建了一个反应函数来表示地方政府的财政收支水平和转移支付间的关系，基于 1995～2006 年的数据分析得出不同的转移支付类型对地方政府的收支行为能产生不同的影响，其并不总能很好地激励地方政府的收支行为，不完善的转移支付制度可能会对地方政府财政收支行为形成扭曲，并且由于各个地区的不同特质，相同的转移支付制度也会对不同地区的政府收支行为产生不同的影响。

　　通过对已有文献的研究和总结发现，这些年来，关于财政转移支付对地方政府支出活动的影响的研究较为丰富，综合起来有以下特点：（1）对不同转移支付形式对地方政府支出结构影响的研究不多，而由于不同转移支付的拨付目的有所不同，因此对地方政府的不同支出类型的影响也会不同，所以把均衡性转移支付剥离出来研究是很有必要的。（2）对财政转移支付对县级政府行为影响的研究相对匮乏，而基本公共服务提供的事权大都在基层政府，所以对县级政府财政支出偏好的研究更有说服力。（3）已有研究对均衡性转移支付是否会影响地方政府支出行为的结论不完全统一，有的学者认为均衡性转移支付对地方政府不限定使用用途，只会使地方政府的预算约束线发生平移，对地方政府产生收入效应，不会产生替代效应，也就不会影响地方政府的收支决策。而有的学者认为虽然中央政府对均衡性转移支付的资金没有规定使用方向，但是均衡性转移支付带来的"粘绳纸效应"使地方政府支出仍然存在替代效应。（4）缺少对均衡性转移支付影响财政支出结构的内在机制的研究。

1.2.6　均衡性转移支付的公共服务供给效率

经典分权 Tiebout 模型认为，财政分权对地方公共服务供给效率应该有积极影响，政府间财政转移支付是分权体制的重要产物，因此，转移支付对解决经济外部性和促进地方公共服务供给起到了重要作用。John（2002）阐述了均衡性转移支付对公共产品和服务供给的重要性。他认为，只有实现对公共产品和服务的完全分割后，再按受益原则进行分配，才能实现财政净收益均等化。但是，公共产品的非排他性和非竞争性使得不可能实现对公共物品和服务的完全分割，这必然导致财政净收益的非均等化，因此，需要通过均衡性转移支付实现对这一不平衡的调节。Sanguinetti 和 Tommasi（2004）提出：应该通过完善的政府间的转移支付来解决由财政分权带来的地方政府财政纪律涣散而导致的公共商品的供给失效和地方政府越权及过度超支的问题，通过构建模型，比较分析在完全信息和不完全信息的两个假设下，如何通过构建政府转移支付制度能使公民享受到更高的福利水平。结果表明：地方政府通过对联邦政府的影响获得的转移支付会比联邦政府主动承担的对地方政府的转移支付更有效率。

张恒龙、陈宪（2007）通过对我国的实证分析发现：我国的财力和公共服务严重不均等，并且指出现行转移支付对于实现公共服务均等化的作用有限。薛胜利等（2011）认为，在实现公共服务均等化时，地方政府对中央纵向转移支付有着直接依赖关系，从目前的政策效果来看，我国纵向转移支付的公共服务均等化的效率越来越低。针对这一问题，文章提出了建立一个以区域性组织为核心包括中央政府和地方政府在内的中间扩散模型，来确保对基本公共服务的有效供给，提高转移支付的效率，从而促进公共服务均等化目标的实现。宋小宁（2012）运用固定效应和广义矩估计方法，对2001～2006年我国县级教育、医疗、社会保障三项基本公共服务的供给效率进行考察，结果发现：均衡性转移支付未对上述基本公共服务的供给产生促进作用，而专项转移支付明显促进了基本公共服务供给。他认为：中央政府应该依靠专项转移支付来促进地区基本公共服务供给。陈思霞（2013）通过 DEA 效率模型的经验测度方法，基于地市级数据对我国均衡性转移支付的公共服务供给效率进行研究，其研究结果表明：均衡性转移支付在发挥其公平职能的同时，显著降低了地方公共服务供给效率，并且"效率"的损失在均衡性转移支付资金的相对流入地更加明显。胡洪曙（2011）通过构建数学模型证明了：转移支付所带来的"粘蝇纸效应"是我国公共服务供给效率不高的主要原因。伏润民等（2011）以云南省的实际数据讨论了云南省各县级的均衡性转移支付效果，发现均衡性转移支付基本上能实现省对县级的均等化服务要求。Philippe 等（2012）也发现均衡性转移支付无法形成促进公共服务供给效率的有效激励，这种现象无论是在转移支付资金的相对转出地还是流入地都普遍存在。

1.3 研究方法与研究框架、创新点与不足

1.3.1 研究方法

本书基于公平与效率的视角，对均衡性转移支付有效性的基本

概念和基本问题做了明确的界定，在对均衡性转移支付的公平与效率理论、均衡性转移支付对地方政府财政收支的影响效应及均衡性转移支付的福利经济学解释等基础理论进行深刻剖析的基础上，根据我国均衡性转移支付的现状，分别运用系统研究方法、比较研究方法，采用基尼系数分解法对各项转移支付的财力均等化作用进行比较；运用实证与规范分析相结合的方法，采用动态空间工具变量模型和空间杜宾模型以及门槛回归模型对均衡性转移支付对地方政府的行为激励效果进行考察；运用定性分析与定量分析相结合的方法，通过构建我国基本公共服务评价体系，并采用 DEA-Malmquist 指数模型对均衡性转移支付的公共服务供给效率进行评价。最后根据对我国现行均衡性转移支付制度的有效性评估的结论，提出完善均衡性转移支付制度的政策建议。

1.3.2 研究框架

本书共分为七章，在结构上可以分为文献综述、理论基础、实证分析、政策建议四个部分，各部分在逻辑上环环相扣。

第一章对均衡性转移支付的有关概念进行界定，阐述了均衡性转移支付在财政体制中的地位和重要性，对国内外相关文献进行梳理和述评。

第二章深入阐述均衡性转移支付的基础理论，包括均衡性转移支付的目标、对地方政府财政收入和支出影响效应的经济学分析及均衡性转移支付的福利经济学解释。

第三章对我国均衡性转移支付制度的现状进行分析。包括：现行均衡性转移支付资金的分配方法，其中重点阐述了地方政府标准收入和标准支出及转移支付系数的核定；并对现行均衡性转移支付的规模及比重进行分析，深刻阐述了现行均衡性转移支付制度中存在的问题，还介绍了国外均衡性转移支付制度的情况，以及国际先进的均等化转移支付的实践经验。

第四、五、六章是在理论分析的基础上，对现行均衡性转移支付制度的有效性进行实证评估，主要分为以下三个方面：首先，对均衡性转移支付的财力均等化效果进行评估；其次，对均衡性转移支付制度对地方政府收支行为的激励效应进行评估，考察均衡性转移支付是否导致地方政府支出扩张和支出偏好，是否会加剧地方政府间的税收竞争及是否会降低地方政府的财政努力程度等；最后，为反映均衡性转移支付资金分配的效率和地方政府行为规制的遵从度，还考察了均衡性转移支付的基本公共服务供给效率的影响效应，以此来衡量现行均衡性转移支付的政策目标的实现情况。

第七章是结论和政策建议。现有均衡性转移支付制度的完善必须结合整个分税制财政改革来进行，首先，应进一步加大均衡性转移支付比重，使之成为财政转移支付的主要形式，充分发挥其财力均等化作用及"一般公式法"分配法的优势，避免造成转移支付的效率损失；其次，完善均衡性转移支付资金的分配办法，提高均衡性转移支付资金分配的科学性和可行性；最后，在均衡性转移支付制度当中设计激励机制和约束机制，提高地方政府发展经济的积极性，保障地方政府收支行为的规范化。此外，还应构建一套完整、客观、科学的均衡性转移支付的评估和监督体系，对均衡性转移支付资金使用绩效进行评估，提高公共服务供给效率；同时建立规范的均衡性转移支付的配套措施，完善与均衡性转移支付制度相关的法律法规体系，只有这样才能够兼顾效率与公平，最终实现地区间协调发展和公共服务均等化。

本书具体的研究框架如图1-3所示。

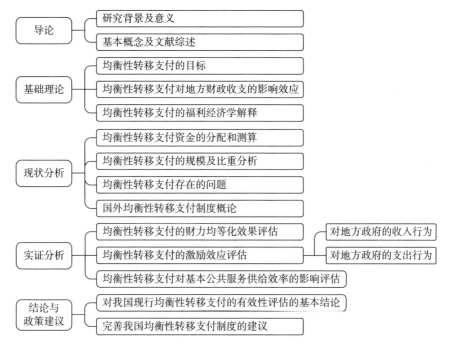

图 1-3　研究框架

1.3.3　可能的创新点

本书运用理论阐释和模型构建以及实证分析相结合的研究方法，其创新点主要体现在理论创新和方法创新两个方面。

一　理论创新

本书全面系统和有针对性地对我国均衡性转移支付的有效性进行评估：首先，避免了笼统将财政转移支付作为统一的研究对象而无法区分不同性质转移支付之间的异质性的问题，提高了研究结论的可信度；其次，本书基于公平与效率双重视角，不仅关注中国均衡性转移支付分配给地方财力带来的公平性问题，还深入细致地分析了均衡性转移支付对地方政府财政收支行为的激励效应以及公共服务供给等方面的效率平衡问题；最后，由于在分权体制下，提供公共服务的事权主要集中在省级以下的地方政府，因此本书采用全国县市级数据进行实证分析，以此深入考察我国均衡性转移支付的制度缺陷，为提高均衡性转移支付的有效性提供可靠的理论基础和现实依据，使其成为既可以满足调节我国政府间财力均衡、基本公共服务均等化的客观需要，实现公平目标，又要考虑充分调动地方积极性和避免地方政府支出规模扩张，提高我国经济运行与财政运行的效率。

二 方法创新

（1）基于 DEA-Malmquist 指数模型构建均衡性转移支付公共服务供给效率评价体系。本书运用动态 DEA-Malmquist 指数模型，考虑地方政府财政能力差异和基本公共服务供给成本等因素的差异，对地方基本公共服务投入产出效率进行动态评价，核算均衡性转移支付的公共服务供给效率相对上一年的改进效率，克服了以往的评价方法中没有考虑到我国各地区的资源禀赋及发展水平的差异，采用公共服务供给效率的绝对高低来衡量的弊端，避免造成考核效率高的地区"高枕无忧"，效率低的地区"安于现状"的消极现象。进一步实证证明均衡性转移支付与地方基本公共服务投入产出效率的关系，从而得出均衡性转移支付公共服务供给效率的评价方法。这样对地方政府提高基本公共服务均等化水平的意图及努力程度的衡量就更加准确，也说明均衡性转移支付制度的正向激励效应会更强。

（2）采用动态空间工具变量和空间杜宾模型处理地区间税收策略互动关系中的内生性问题，考察均衡性转移支付对地方财政收入行为的激励效应。空间杜宾模型方法除了能够处理空间自相关性和不均匀性之外，还可以避免估计有效性的损失，保证无偏估计。另外，空间杜宾模型可以使用马尔科夫链蒙特卡罗方法，基于参数的后验分布对样本数据进行估计，可以大大降低对样本量的要求，同时可以提高研究结果的精确度。

1.3.4　存在的不足

在本书的撰写过程中，由于本人学术水平和数据的可获得性等方面的原因，以及受时间和精力等因素的限制，在对均衡性转移支付的公共服务供给效率评价中，基本公共服务的产出指标（如教育、医疗和社会保障的产出衡量指标）设计得不够全面，这对研究结果可能存在一定的影响。另外，2004 年的《全国地市县统计资料》数据的缺失，导致在做面板回归时，考察的年份不长，这可能对趋势性变化的结论产生一定的影响。此外，本书在阐述中还存在许多不足之处，这也是作者下一步努力的方向。

2 均衡性转移支付的相关理论

本章作为全书的逻辑分析起点，将对均衡性转移支付制度的一般性基础理论进行探讨。

2.1 均衡性转移支付的目标：公平与效率

公平与效率是任何良性社会、任何决策者和任何民众都希望达到的理想目标，效率和公平的集中体现是公共服务均等化和地区间协调发展（吴俊培，2015）。从 1950 年 Buchanan 首次提出"财政公平"的概念之后，学者们一致认为实现居民财政公平首先要实现地区间财力公平。我国采用均衡性转移支付办法调节财政资金，本质上是中央政府的收入再分配，是以公共服务均等化和地区间协调发展为目标，实现公平与效率。均衡性转移支付通过调节不同地区间的财力配置，引导资金从富裕地区流向贫困地区，提高地方政府财力，在一定程度上增加公共品供给，实现公共服务水平的提升，缩小地区之间的差距，最终达到公平的目的。因此，公共服务均等化通常被理解为公平范畴，但其也隐含着效率原则，效率与市场经济的资源配置作用和经济发展有关，公共服务不仅是生活质量，也是生产质量，某些地区的公共服务水平低下会使整个国民经济发展受到影响，从这个意义上讲，公共服务均等化不会影响效率。目前，我国区域间发展差距较大，公共品供给数量和公共服务均等化水平整体较低，只有将"蛋糕"做大，再去考虑如何公平分配"蛋糕"，才更有意义。因此，在达到公平的目标之前，首先应该关注的是如何提高公共品和公共服务的供给能力和水平。从另一个角度来讲，均衡性转移支付能够加快公共服务均等化实现的进程，从而更有效率地达到公平的目标。

我国是典型的中央集权国家，各级政府收入上解中央，还有中央税以及共享税等部分，中央财力远大于地方，因此我国政府间的转移支付以纵向转移支付为主，也就是中央政府向地方政府提供资金弥补地方财力缺口。均衡性转移支付并没有规定资金的用途，它是由地方政府自行支配的一种补助资金，这一资金转移过程只是转换了政府间资金的使用权，并没有增加资金总量，也没有创造新的价值，所以均衡性转移支付并不能直接转换为提供公共服务的支出。在这种情况下，地方政府更倾向于将资金使用在更值得投资的领域，不会将提供公共品、提高公共服务均等化水平作为首选，因此它并不能实现居民效用最大化。贾晓俊等（2015）对几种中央转移支付方式进行比较，认为在地方政府"重投资轻民生"的支出偏好条件下，用途指定宽泛，并按因素法分配资金的专项转移支付不仅能实现基本公共服务均等化，还能够消除在资金分配过程中的一些弊端，避免中央政府过度干预地方政府支出，保障支出分权带来的效率。

公平与效率往往难以同时实现，大多数学者研究认为，在两者的相互关系中，我国地方政府对效率的关注程度高于公平。

在财政转移支付中直接体现公平的方式是均衡性转移支付，这种转移支付的资金通常是按照一般公式分配的。对公共服务水平高低的评定，常用方法是衡量人均财政支出。均衡性转移支付的目标就是要均衡不同地区的人均财政支出，为地方政府公共服务均等化提供资金支持。多数人可能认为财力较弱的省份会得到更多的均衡性转移支付资金，但实际情况并非如此。贾晓俊、岳希明（2012）推导和解释了均衡性转移支付的一般公式，并根据公式（2-1）构建模型，实证分析了我国唯一按一般公式分配资金的均衡性转移支付，发现财力越强的省份，得到的人均转移支付资金反而越多，这是由于，财力较强的省份，财政供养的人口比重较高导致资金倾斜。

$$G_i = \left(\sum_k E_k - \sum_j R_j \right) + \sum_k E_k (\gamma_{ki} - 1) + \sum_j R_j (1 - \theta_{ji}) \qquad (2-1)$$

其中 G_i 代表辖区 i 的标准财政支出与标准财政收入之差；E 代表全国范围的标准财政支出；k 代表某种公共物品；R 代表全国范围标准财政收入的人均值；j 代表税种；γ_i 代表辖区 i 提供全国标准公共服务水平时的成本差异系数，用 E_i/E 表示；θ_i 代表辖区 i 的财力差异系数，是辖区内人均标准财政收入与全国的比值。

一般来说，合理的均衡性转移支付制度应当在公平与效率之间寻求某种平衡，在促进地区财力均衡、实现公平目标的同时，又要形成地方政府财政激励，提高我国财政资源配置效率和经济运行效率（熊波，2008）。公平要求地区财政收支均衡，公共服务均等化水平提高；效率要求形成激励型的财政体系，达到财政收支效率、经济社会发展速度以及人民生活水平的提高。均衡性转移支付是无条件转移支付，不代表要通过这种财政资金配置方式实现地区间财力的强制性、无条件绝对平均分配。"平均主义""大锅饭"思想对调动地方政府发展经济的积极性有害无益，前些年出现的"贫困县"不肯摘帽的现象很能说明问题。李丹、刘小川（2014）考察了241个民族扶贫县，研究政府间转移支付对民族贫困县财政支出行为的影响，发现地方政府在得到转移支付资金之后，更希望用于上级主要考核的项目上，而很少用于促进经济发展的基本建设支出和居民较为关心的基本公共服务上。民族贫困县可能为保住"贫困县"帽子而放弃发展,财政转移支付被用于维护自身的利益支出,以及协调各方的利益关系。只靠中央政府补助,弱化了主动作为、积极进取实现脱贫致富的意识,这种做法降低了财政支出效率,最终只能实现无效率的公平。反之,如果没有均衡性转移支付弥补地区间财政收支缺口,任由财力差距拉大,地区发展不均衡的现象会更加严重,这只会与公共服务均等化的目标背道而驰。

从近期目标和远期目标的角度来看,由中央政府安排转移支付资金,实际上是发达地区对欠发达地区"扶贫式"的支援,短期内"输血"能够帮助财政短缺的地区缓解困难,达到"小公平"的阶段目标。从远期目标来看,只有在保证效率的前提下,落后地区才能生成"造血"功能,也只有在自我发展能力增强之后,才能从根本上提高公共服务水平,接近或达到均等化的目的。

最早用于阐明是否公平的数理模型是洛伦兹曲线,它为测度收入不平等程度提供了技术工具,也为测度其他领域的公平程度,例如公共服务的公平程度奠定了基础。利用洛伦兹曲线能够分析收入分配格局的不平等程度,衡量同一时期不同样本的收入不平等程度,也能用来比较同一样本不同时期的收入分配平等程度的发展趋势。洛伦兹曲线的详细描述如下(王国梁,2013)。

假定个体收入为 X,连续且非负,那么 X 的累积分布函数 $F(x)$ 就代表了收入 $X \leqslant x$ 的人口占总人口的比例,可以表示为:

$$F(x) = \int_0^x f(t)dt \qquad (2-2)$$

X 的期望值 $E(x)$ 就是总人口的平均收入,用 μ 表示。

$$\mu = E(x) = \int_0^\infty xf(x)dx \qquad (2-3)$$

X 的一阶矩阵分布函数——算数平均值分布函数为：

$$F_1(x) = \frac{1}{\mu} \int_0^x tf(t)\,dt \tag{2-4}$$

$F_1(x)$ 表示收入 $X \leqslant x$ 的所有个体的累积收入占总收入的比例。

假设 $X \leqslant x$ 的概率分布局部均值为 μ_x，它代表收入 $X \leqslant x$ 的所有个体的平均收入——局部均值。

$$\mu_x = \frac{\int_0^x tf(t)\,dt}{\int_0^x f(t)\,dt} = \mu\,\frac{F_1(x)}{F(x)} \tag{2-5}$$

定义 $p = F(x)$，$0 \leqslant p \leqslant 1$，洛伦兹曲线 $L(p) = F_1(x)$ 代表总人口中低收入的 $p\%$ 的个体累积收入占总收入的比例。$L(p)$ 曲线有以下四个特征（Kakwani，1980）：

若 $p = 0$，则 $L(p) = 0$；

若 $p = 1$，则 $L(p) = 1$；

$L'(p) \geqslant 0$，$L''(P) > 0$；

$L(p) \leqslant p$。

其中，曲线 $L(p) = p$ 被称为绝对平等线。在洛伦兹曲线基础上，Atkinson（1970）研究了公共福利和公共服务分配均等化问题；Shorrocks（1983）对收入均值不同、收入规模与洛伦兹曲线变化方向不一致的收入分布的福利比较做出了合理解释。

均衡性转移支付公平的目标，总结起来主要通过三个途径来实现。（1）均衡横向财政。由于历史人文、地理环境、资源禀赋等客观因素的差别，我国地区间经济发展水平参差不齐。就当前而言，沿海开放地区以及矿产资源丰富的地区，可以实现经济的快速崛起。相应地，富裕地区就有条件为当地居民提供更多数量、更高质量的公共服务。相反，落后地区，例如西部地区、老少边穷地区，其本身发展经济的能力不足，优质税基匮乏，地方政府财政收入不能满足民生的福利要求，人民生活水平偏低，公共服务的供给状况与富裕地区差距很大。地方政府甚至把有限的财政资金选择投资到那些能够促进地方经济发展的领域，导致公共服务供给的严重不足。因此，如果没有转移支付，长此以往，必然会出现富者更富、贫者更贫的马太效应，这有悖于我国的公共服务均等化目标。由此可知，均衡性转移支付通过改善贫困地区的经济状况可以促进公共服务均等化。（2）调节纵向财政。中央政府将事权与支出责任划分的改革是十八届三中全会提出的财税体制改革的最后一项内容，它需要在预算管理制度改革、税制改革的基础上才能完成。由于地方政府具有信息优势，因此由地方政府提供公共服务，并且政府间的竞争关系也使得地方政府有意愿为辖区内的居民提供更好的公共服务。但由于地方政府财力有限，供给公共产品和提供服务上能力不足的现象比较普遍。均衡性转移支付较好地解决了这个问题，由中央政府对地方政府补贴财政资金，财权下放，可以很好地缓解地方政府的事权与支出责任不匹配的现状。（3）降低外部效应。外部性的存在，使得地方政府提供的公共服务不能全部转化为辖区内居民的福利，常常有外溢现象，其他辖区的居民也可以在一定程度上享受到该辖区公共服务的益处。外部性引起的收益或成本的外溢，最终体现在政府提供的公共服务上，收益与成本不匹配，财政资源配置达不到最优。解决外部性的主要途径是明确所有权和提供补偿，具体到地方政府提供公共服务，就是要调整辖区面积匹配公共服务覆盖范围，或者相邻辖区政府提供一定的补偿。显然，更改行政区划并不可行，而政府间规范的横向补偿机制也没有形成，因此，最能解决问题的办法就是由中央政府提供转移支付资金，补偿溢出，降低外部性。

均衡性转移支付在以下三个方面体现了效率原则：一是有利于

提高地区间的财政资源配置效率；二是可以避免地区间有差别的财政激励对要素跨地区流动的扭曲；三是有利于地区间财政竞争的外部性"内部化"。

2.2 均衡性转移支付对地方财政收支的影响效应

2.2.1 收入效应

中央对地方的均衡性转移支付的收入效应，指的是地方政府因为拥有更多的资源归其支配使用，相当于改变了公共部门的收入水平，从而增加了公共商品和私人商品的生产和消费，并对私人经济的资源配置和收入再分配活动产生影响。

均衡性转移支付的作用机理可以用图 2-1 来说明，其中横坐标为公共商品供给量，纵坐标为私人商品供给量。曲线 U_1 代表无差异曲线，AB 代表预算约束线，AB 的斜率表示边际替代率，代表增加或减少每单位公共服务的同时，会引起私人服务增加或减少的量。假设地方政府的财政预算是定值，且地方政府对私人服务和公共服务的偏好已知，于是地方政府做出的决策会在图中的 I_1 点，I_1 代表地方公共部门的初始均衡点。在 I_1 点的均衡供给组合式 (G,F)，也就是预算约束与无差异曲线相切的位置。在这一点上，政府决策的结果是，居民能够得到 OF 的私人服务和 OG 的公共服务，社会福利最大化，所实现的效用水平为 U_1。

当地方政府得到转移支付资金之后，由于上级公共部门不规定该项资金的用途，因此不影响公共产品的相对价格也不改变政府的偏好，反映在图中就是地方公共部门的预算约束线的斜率并不会改变，但是会按照获得的均衡性转移支付规模水平向外平移，新的预

算约束线外移至 CD。在新的预算约束条件下，与新的无差异曲线 U_2 相切于 I_2，地方政府会按照效用最大化原则在 I_2 点形成新的均衡。在 I_2 点的均衡供给组合为 (H,E)，效用水平变为 U_2。

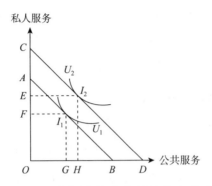

图 2 – 1　均衡性转移支付的收入效应

私人服务和公共服务的数量分别扩大为 OE 和 OH。正因为有均衡性转移支付的出现，私人服务和公共服务才有了 EF 和 GH 的增长量。从图 2 – 1 中可以看出，均衡性转移支付并未全部转化为公共服务，相应地也增加了私人商品的供给，也就是说对地方政府产生的收入效应正是因为政府可支配财政资金的增加，减少了对居民的税收。因此也可以说，均衡性转移支付会产生收入效应。

从经济理论的角度来看，公共部门的经济活动对私人部门产生的收入效应，意味着有一部分净收入在公共部门和私人部门之间进行了转移，也就是说，均衡性转移支付以收入效应的形式对私人经济产生影响。所以，要保证均衡性转移支付中性，也就是保证公共部门和私人部门之间的净收入转移为零，就必须从政策制度上抵消均衡性转移支付的收入效应。公共部门将这部分从私人部门转移而来的净收入通过均衡性转移支付的分配形式使用出去，这又会对私人经济产生新的影响。这样来看，均衡性转移支付会通过资金的来源和分配这两个过程和私人经济联系起来。均衡性转移支付的资金来源为税收，而税收又是从私人部门抽取的资源，然后再通过均衡性转移支付分配的形式为私人部门提供公共服务。

为了分析均衡性转移支付对私人经济的影响，我们仍采用图 2-1，即地方政府在获得均衡性转移支付之前所面临的预算约束线为 I_1，均衡的社会福利最大化的供给组合为 (G,F)，居民所获得的效用水平为 U_1。在地方公共部门获得均衡性转移支付资金后，地方政府的预算约束平移至 I_2，社会福利最大点变为 (E,H)，对应的效用水平为 U_2。所以，均衡性转移支付使地方公共部门对公共商品的供给量增加了 GH，它小于均衡性转移支付的补助额 BD，这是由于均衡性转移支付使地方政府减少了自己对受补助公共商品的支出。如果地方政府的公共商品都接受均衡性转移支付，则地方政府的税收努力程度就会下降，居民承担的税负由 AF 降到 AE。那么要保证对私人经济是中性的，就必须保证均衡性转移支付资金来源于一般税，也就是说要坚持将税收作为公共商品的价格，均衡性转移支付作为补贴来弥补一般税带给居民的福利损失。这样一来，均衡性转移支付对私人经济来说是中性的。

2.2.2 价格效应

2011 年 Dahlby 基于 Hamilton（1986）发现转移支付存在"价格效应"，对原有的均衡性转移支付理论进行了拓展（Dahlby，2011），具体分析如下所述。

设地方政府征税成本为 MCF，

$$\text{MCF} = \frac{B}{d(tB)/dt} = \frac{B}{B + t \times (dB/dt)} = \frac{1}{1 + t \times \eta} \qquad (2-6)$$

其中，B 为税基，t 为地方实际税率，$\eta = \partial \ln B / \partial t \leq 0$，表示税基对税率的敏感程度，则式（2-6）表达的是：$d(tB)/dt$ 越大，即通

过提高实际税率带来税收收入增长的规模越大，在征税过程中所造成的地方政府无谓损失就越小，即征税的边际成本越低；并且征税的边际成本随着税基 B 的增大而提高，也就是税基越大征税所造成的无谓损失越大。显然，只要 $\eta = \partial \ln B / \partial t \neq 0$，就会存在无谓损失，那么 MCF 始终大于 1。

我们进一步对征税的边际成本和税率求偏导得到：

$$\partial MCF / \partial t = -\left[\frac{\eta}{(1 + t\eta)^2}\right]\left[1 + (t/\eta)(\partial \eta / \partial t)\right] \qquad (2-7)$$

$$= -\eta(1 + E)MCF^2 > 0$$

其中，$E = (t/\eta)(\partial \eta / \partial t)$，表示当税率上升 1%，税基对税率的敏感程度 η 变化 1%。我们借鉴 Dahlby（2008，2011）：

设 $E \in (-1, 0)$，那么根据式（2-7）可知：地方政府的征税边际成本随着实际税率的增大而增大。

当地方政府的公共支出资金来源于自有税收和均衡性转移支付时，有：

$$\frac{\partial P}{\partial T}\frac{T}{P} = \left(\frac{T}{tB}\right) \times (1 - MCF) \times MCF \times (1 + E) < 0 \qquad (2-8)$$

其中 E 是税基对税率敏感程度的弹性，T 是均衡性转移支付规模，P 是公共服务的价格，那么由式（2-8）可知：均衡性转移支付规模越大，地方政府提供公共服务的价格就越低，也就是说均衡性转移支付对地方公共支出会产生价格效应。因为获得中央的均衡性转移支付后，地方政府就会降低征税努力，即地方实际税率有所降低。由上可知，由于 $\partial MCF / \partial t > 0$，所以地方征税的边际成本减少，相应的政府提供公共服务的成本也会减少。而且，均衡性转移支付在本地税收收入中的占比（T/tB）越高，地方政府越依赖中央的均衡性转移支付，或征税的边际成本（MCF）越高，"价格效应"

越明显。

2.2.3 粘蝇纸效应

"粘蝇纸效应"最初是作为反对奥茨和布莱德福德所提出的分权化定理而建立起来的概念。分权化定理认为,当信息充分的时候,由中央财政对地方政府的一次性总付的无条件转移支付(lump-sum unconditional grant)而导致的居民收入增加,在收入分配和资源配置上等效于由中央财政对地方居民的实行等额减税政策的影响。但大量的实证研究却显示,对地方政府公共支出,前者有更明显的扩大效应,两者并不等效。

国际学术界对于转移支付的"粘蝇纸效应"主要有四种理论解释,包括"财政幻觉"假说、垄断性政府假说、中位选民假说和税收成本假说。

(1)"财政幻觉"假说。课税权和支出权的分离,导致当地纳税人误解他们本身负担的成本份额以及提供的地方公共商品资金来源,也就是说,对于上级公共部门给予的转移支付补助,在本地居民看来是无偿的,于是他们在参与当地公共支出决策时,往往低估地方政府提供的公共商品成本,进而扩大了地方公共部门支出(Oates,1979;Turnbull,1998)。

(2)垄断性政府假说。在现实中选民不能直接决定公共支出,垄断性政府官员掌握着行政权力,而他们的目标是预算最大化,这导致预算在地方政府获得转移支付后加速膨胀,其预算增加值大于地方居民收入增加带来的预算增加值,过多地提供公共服务,随之公共支出规模持续扩大。

(3)中位选民假说。中位选民作为全民的代表,他们的偏好往往决定公共产品的消费数量,而中位选民的收入高于平均水平,他们对公共品的消费需求也比较大，这往往迫使地方政府的公共支出超出预想的水平（Fisher，1979）。

（4）税收成本假说。Harberger（1962）认为地方政府在为各类公共服务筹集资金时会造成无谓损失（deadweight loss），因此，如果采用转移支付的方式来筹集资金会降低甚至消除征税带来的额外成本。所以，地方政府在财政资金更多地由转移支付提供的情况下，则会带来更高的财政支出水平（Hamilton，1986）。

我们以中位选民假说为例，来解析"粘蝇纸效应"。如图 2 - 2 所示，设 AB 为中位选民预算约束线，E_1 是最初的均衡点，此时的地方性公共商品和其他商品的消费量分别为 OX_1 和 OY_1，当地方政府获得中央的均衡性转移支付资金后，预算约束线由 AB 移动到 CD，形成新的均衡点 E_2，即产生收入效应。然而，中位选民有财政幻觉，这使得他们认为公共品的价格被转移支付降低了，此时 BF 变成了新的预算线，此时的均衡点为 E_3，与 E_2 相比消费了更多公共品 x_2x_3，即产生了"粘蝇纸效应"。

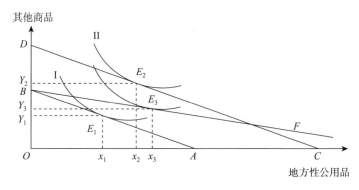

图 2 - 2　均衡性转移支付的"粘蝇纸效应"

然而这些建立在对发达国家的社会制度和经济、政治基础的理论研究，并不完全适合转型经济体或发展中国家的地方政府规模扩张。首先我国地方政府没有税收自主权；其次我国与联邦制国家的选票政治和财政体制不同，投票模型不能完全解释地方政府行为，而且在地方官员的主观意识里，转移支付与自有收入也非等价。所以，必须基于我国国情和政治体制来分析均衡性转移支付的"粘蝇纸效应"。

当征税不产生无谓损失的情况下，均衡性转移支付与居民收入一样，没有"价格效应"，仅存在"收入效应"。这个时候，如图2－3所示，对地方政府来说，均衡性转移支付资金的流入使得公共服务的边际效用从 MB 外移至 MB'。公共服务供给的均衡水平随之由原来的 g^0 增加到 g^1，但此时公共服务的价格仍等于边际成本 c。这与相等数量的税收收入增加带来的公共支出的增长是等价的，因此，此时均衡性转移支付并不会带来财政支出的"粘蝇纸效应"。

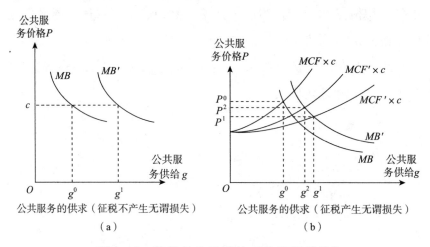

图2－3 价格效应导致的"粘蝇纸效应"

当均衡性转移支付既存在"收入效应"也存在"价格效应"时，如图2－3（b）所示，一方面，均衡性转移支付给地方政府带来的"收入效应"使公共服务的边际效用同样从 MB 外移至 MB'；"价格效应"又使得公共服务的边际效用水平从 $MCF \times c$ 下移至 $MCF' \times c$，公共服务供给的均衡水平由 g^0 增加至 g^1，公共服务的均衡

价格从 P^0 下降至 P^1。另一方面，均衡性转移支付与等量的居民收入增长所带来的"收入效应"相同，但均衡性转移支付的"价格效应"产生的影响更明显。所以，在市场供求均衡的情况下，公共服务价格从 P^0 降至 P^2，公共服务的供给从 g^0 增加至 g^2。综上所述，因为 g^1 大于 g^2，因此，均衡性转移支付存在"粘蝇纸效应"。

2.3　均衡性转移支付的福利经济学解释

福利经济学思想的萌芽是 18 世纪末帕累托提出的"最优标准"，随后马歇尔等经济学家也受其思想的影响，但福利经济学的正式问世是 1920 年庇古的《福利经济学》这本书的出版，庇古也因此被誉为"福利经济学之父"。庇古的主要贡献在于：首次系统论述了福利的概念及其应用，创立了福利经济学理论体系，这成为经济学发展史上重要的里程碑，20 世纪三四十年代经济学家卡尔多、希克斯、伯格森等在庇古福利经济学理论基础上进行了重要的修改和补充，形成了"新福利经济学"。"二战"以后，阿罗、李特尔、阿马蒂亚·森、黄有光等福利经济学家对新福利经济学进一步研究后开创了后福利经济学时代。福利经济学中资源配置效率理论、收入分配理论、社会福利度量和影响理论为本书均衡性转移支付的制度有效性分析奠定了基础。

2.3.1　传统福利经济学与均衡性转移支付

传统福利经济学之父庇古主张经济学应该以"消灭贫困、追求众人福利"为宗旨，把社会福利当成研究的中心。他认为：假设基数效用论及人际效用可以比较，国民收入及其分配影响着一个国家的社会福利的大小，并且，趋于均衡的国民收入分配方式会引导社会福利最大化，因此，可以通过相应的两种方式来增加福利，一是收入均等化；二是政府采取必要的干预来实现资源配置最优化。这是因为：货币收入的边际效用递减规律使得货币对富人的边际效用要比对穷人的小，如果政府通过具有财力均衡职能的均衡性转移支付，引导富人把那些边际效用较小的货币收入转移给穷人，那么这些被转移的收入的边际效用将会变大，从而使得社会总福利得以提高。另外，政府采取必要的干预来扭转市场失灵，使经济活动的不经济的外部性内部化，实现社会资源的最优配置。又因为国民收入与经济福利成正比（庇古，1920），那么社会资源的最优配置会带来国民收入和社会福利的最大化。由于公共服务的资金来源于国民收入，现阶段下的均衡性转移支付是实现各个地区的财力及公共服务水平均等化的一种财政转移支付形式，实际上是收入的再分配，因此，均衡性转移支付的有效性传统福利经济学解释为：保持中央政府财政支出总量不变，增加贫困地区地方政府的可支配财力，提升贫困地区居民收入水平、公共服务水平，不仅体现了均衡性转移支付的公平职能，还增加了整个社会福利，实现了效率目标。

2.3.2　帕累托最优定理与均衡性转移支付

帕累托最优是新福利经济学的核心命题，是建立在序数效用假说的基础上，采用无差异曲线为社会经济政策提供的一个有效的评判标准。帕累托最优是指资源配置达到这样一种社会经济状态，即任何社会经济政策的实施，都会使资源配置偏离最优状态，在使得一部分人的福利水平上升的同时，必然伴随着另一部分人的福利水平下降。我们采用帕累托最优定理来解释均衡性转移支付这一经济政策。首先，从帕累托最优的效率角度为均衡性转移支付对是否能提高公共服务的配置效率进行评估。在目前的资源配置状态下，如果存在另外的配置方式，能够使所有居民的福利没有减少的同时，至少有一个居民的福利得到提高；如果不存在，则表明目前的公共服务资源配置是最优的，也就不存在帕累托改进，中央政府的均衡性转移支付制度的实行就会增加社会总福利。其次，从帕累托最优的公平角度来分析。均衡性转移支付制度可以提高公共服务水平，能扩大公共服务的受益面，因为公共服务的非排他性和非竞争性，这些增加的公共服务受益人又不会导致其他人福利减少，从而使得社会总福利增加，符合帕累托改进原则。因此，帕累托最优定理是均衡性转移支付有效性评估重要的基础理论。

2.3.3 补偿原理与均衡性转移支付

对于帕累托最优定理不适用的情况，我们采用"卡尔多补偿检验标准"来分析均衡性转移支付。"卡尔多补偿检验标准"是1939年卡尔多提出的一种"客观检验方法"，他认为：任何一项经济政策的实施都会引起价格体系的变动，这就会导致一部分人受益，一部分人受损，因此就存在帕累托改进的余地；为了避免在帕累托改进过程中，把一些实际上对社会福利有增大作用的经济政策取消掉，就需要建立新的标准——"补偿原则"——来检验，它指的是：如果受益者完全补偿受损者后仍有剩余，则社会总福利有所增加。其为均衡性转移支付促进财力均等化及公共服务的合理分配提供了理论依据。以我国经济发展程度、财力水平以及均等化程度不同的东部、西部两个地区为例，中央政府按照标准收入与标准支出的差额及转移支付系数向地方分配均衡性转移支付资金，引导东部发达地区的财力流向西部欠发达地区，这使得东部地区既得利益结构发生改变，导致东部地区居民福利遭受一定损失，但如果这些损失小于西部地区居民因得到转移支付的实施增加的福利，那么均衡性转移支付总体上增加了社会总福利，制度就是有效的。从现实情况来看，由于地方政府财政收入（包含地方本级财政收入和中央转移支付）的边际效用递减，西部地区获得的利益会比东部地区受到的损失大很多，并且西部地区财力水平和公共服务均等化水平提升得越大，社会总福利的增量就会越大。所以，一方面，中央政府可以制定相应政策或措施来加快相对发达地区的经济发展，增加当地居民福利，使其因财力和公共服务均等化带来的损失得到补偿；另一方面，长远来看，城乡之间、地区之间财力均等化水平的进一步提高，有利于形成全国统一市场，那么生产要素和产业会按照市场规律在地区间、城乡间流动，追求利益最大化，从而提高资源配置效率。同时，西部地区经济的发展和公共服务设施的完善也会使东部地区受益，从而实现共赢。这是均衡性转移支付有效性的另一个解释。

2.3.4 社会福利函数与均衡性转移支付

社会福利的提高不仅取决于资源配置效率，而且也与收入分配密切相关。20世纪40年代，伯格森和萨缪尔森在"社会福利函数"理论中提出：社会福利函数认为社会福利是个人福利的函数，只有保证个人福利最大化，才能使社会福利最大化；社会福利函数理论为均衡性转移支付实现公共服务均等化的目标提供了重要理论基础。一方面，社会福利函数为均衡性转移支付提供了一个合理资金分配原则。社会福利函数主张收入分配的合理化而非均等化，平均分配的公共服务并不能使其福利都相应得到增加，因此，在实行均衡性转移支付时既要充分考虑发达地区政府的实际财政能力，不要把财政收入压力一味地强加于转移支付资金流出地，也要防止绝对平均化而降低对欠发达地区的财政激励，从而使其缺乏经济发展的动力，使均衡性转移支付制度不能发挥均衡地区间财力和公共服务水平的作用。另一方面，应按照社会福利函数导向来合理确定均衡性转移支付资金的使用方向。社会福利函数提倡要使公共服务带来的社会福利最大化，就要充分考虑满足个人需求的公共服务"相对均等化"，因此地方政府应选择一个全体公民福利提高得最多的方向来安排均衡性转移支付资金的使用，从而提高社会总福利。

3 均衡性转移支付制度的现状分析

3.1 均衡性转移支付资金的分配和测算

均衡性转移支付是以地区财力均等化和公共服务均等化为其主要目标，遵循公平、公正、透明、规范和适当照顾老少边地区的原则的一种转移支付形式。在分配过程中有三个基本要求：一是对均衡性转移支付的资金进行分配时，通过核定各地标准收支之间的差额，参照中央财政状况，采用规范的公式法分配；二是中央财政在扩大均衡性转移支付资金规模时应遵循循序渐进的原则，逐步实现转移支付目标；三是在均衡性转移支付资金的分配过程中适当向"老少边穷"地区倾斜。为了对地方政府产生一定的约束力，激励各地区提高均衡性转移支付资金的使用效率，可以针对其无条件性质规定一定的附加条件，这样更有利于实现均衡性转移支付制度目标，促进社会公平。

我国幅员辽阔，二元社会经济结构的影响导致地区间财政收支差异较大，因此在对均衡性转移支付进行分配前，首先要根据影响各地区财政收支的客观因素和各地区的实际情况来确定均衡性转移支付的对象，如各地区的自然资源、地理位置、财政努力程度、收入能力与支出需求、是否为少数民族地区以及当地的人口规模、人口密度和财政供养人员等。具体分为以下几个阶段来考察：第一，以 1994 年财力为基准，确定各地区的标准支出差额，把地方标准收入低于标准支出、存在财力缺口的地方政府列为均衡性转移支付的对象；第二，中央政府再分别对这些地方进行考察，通过测算当地的公用经费和人员经费所占地方总财力的比重，来了解该地区的真实财力状况，如果两项经费比重低于80%，则不作为均衡性转移支付对象；第三，对地方政府的财政努力程度进行考核，如果其收支差额是由于地方政府对中央转移支付的依赖、缺乏提高自有财力积极性而造成的，就对其转移支付额度进行一定的扣除；第四，在确定资助对象之后，中央政府引导那些财力高于标准支出地区的收支余额流向需要补助的地区，再根据当年中央的财政能力，确定转移支付系数后最终核算出转移支付额度按"一般公式法"进行资金的分配，具体公式可表示为：某地区接受的均衡性转移支付额＝转移支付系数×（该地区标准财政支出－该地区标准财政收入）。这样的分配方法具有较强的客观性和科学性，是我国财政体制改革的一次重大突破。

3.1.1　标准财政收入的测算

地方标准财政收入是指各地方理论上的财政收入能力，主要包括地方本级标准财政收入、中央对地方的转移支付以及返还收入，扣除了地方上解支出。由于地方财政收入主要由地方税收收入构成，所占比重在90%以上，并且，这个比重随着"费改税"的推进而进一步加大，因此，地方税收收入近似等于地方本级标准财政收入；中央转移支付与地方返还收入按财政部决算数计算。

为了避免地区间财政收入差异、税收征管努力程度等因素对均衡性转移支付资金分配的影响，测算的地方税收收入只包括：增值税的地方分享收入、营业税收入、企业所得税收入、个人所得税的地方分享收入、资源税收入、城市维护建设税收入、城镇土地使用税收入、房产税收入、烟叶农业特产税收入等；而不包括：消费税收入、关税收入等中央税收收入和屠宰税收入。此外，由于车船使用和牌照税、土地增值税、契税、印花税、罚没收入、专项收入和其他收入等少数税种的基础数据难以取得，并且所占比例较小，暂用财政部决算数据代替。在除去增值税和所得税的中央共享部分后，地方本级标准财政收入能力由以下公式计算确定：

$$\text{地方标准财政收入} = \sum \text{全国平均税率} \times \text{地方税基}_i \quad (i \text{ 为税种})$$

分税制改革以来，增值税、营业税、企业所得税是地方税收收入中的主要部分，在测算增值税标准收入时，单独测算存在差别税率的行业的增值税标准收入，以统计年鉴中行业增加值作为代理税基，税率为全国有效税率。

营业税标准收入的测算应分行业区别对待，金融保险业营业税收入和邮电通信、文化体育、服务、交通运输等行业的营业税收入以财政决算数来计算，建筑餐饮业、销售不动产和公路运输的营业税收入按照全国平均有效税率乘以统计年鉴里的营业收入来计算；企业所得税的营业税收入以各地区企业利润总额为税基，税率分为三种，分别为区域平均有效税率、各省平均有效税率和直辖市实际税率。

此外，当存在差别税率时，为了提高测算的可行性，降低测算成本，也可以采用对增值税、营业税和企业所得税这三种主要税种的税基进行线性回归的方法，来近似衡量地方政府的标准收入。具体操作方法是：由于增值税是对商品和劳务在生产、流通过程中的增加值或商品附加值所课征的税，营业税是对第三产业中的一些行业的营业收入征收的税种，企业所得税是对企业每年应税收入课征的税种，因此，可以采用地方 GDP 来衡量增值税的基本税基，采用第三产业增加值来衡量营业税的基本税基，采用工业企业利润来衡量企业所得税的基本税基，从而测算出地方政府的标准收入。

3.1.2 标准财政支出的测算

标准财政支出是指各地达到均等化基本公共服务水平的财政支出需求，我国常采用"分类汇总估算法"对地方政府标准财政支出需求进行测算，首先将地方政府财政支出进行分类，分为国防支出、行政支出、司法支出、教育支出、社会保障支出和经济建设支出等；然后对某一地区的这些支出需求分别进行测算，再将各类支出需求加总即可以得到该地区的财政支出总需求。

由于我国还处于转型期，在这个阶段我国均衡性转移支付的一个重要职能是缓解基层政府在财政运行中的突出矛盾，保证财政困难地区机构正常运转和财政供养人员的工资发放，满足公共支出的需要。这说明地方标准财政支出主要为该地区经常性支出，如：行政公检法标准支出等项目之和，但基本建设支出、科技三项费用、企业挖潜改造资金等建设性支出项目并没有包含在内。地方经常性支出的行政公检法、教育、离退休、卫生、农林水等部门的支出，都与财政供养人员密切相关，所以根据标准财政供养人数，再参照地方政府规模、全国平均支出水平以及客观因素等，按人员经费、公用经费和其他经常性支出项目分别进行测算确定。另外，关于地方标准财政供养人数的测算，采用对客观因素回归分析的方法，测算出各种因素，如人口方面的指标及可居住面积等，考察这些因素对财政供养人数的影响权重，然后再分省级、地市级、县级分别测算标准在职人数，这样可以尽可能减少人为因素的影响。对于离退休人数的测算，以 1999 年各地实际离退休人数为基数，考虑适当的增长率，并参照当地在职人员与离退休人员的比例最终确定。

3.1.3 均衡性转移支付系数的确定

我国根据当年中央政府可用于均衡性转移支付的资金总额以及地区标准收支差额，再结合各地困难程度适当进行调整，最终确定均衡性转移支付系数。具体做法是：把均衡性转移支付的资金总额分为两半，其中一半按照全国统一系数对各地方财力缺口进行资助，另外一半参照恩格尔定律的基本原理来衡量各地的困难程度再进行分配，一般采用各地维持基本运转支出占标准收入的比重来衡量各地的财政困难程度，这一比重越高，说明该地区越困难。因此可以适当提高"老、少、边、穷"地区的转移支付系数，财政越困难的地区，得到的中央财政转移支付越多。

毋庸置疑，科学合理的均衡性转移支付资金的分配方法是实现均衡性转移支付政策目标的基础。国际上对转移支付资金的测算方法各不相同，但一般公式分配法的科学性、客观性、合理性得到世界的公认，而其最终能否充分发挥作用取决于公式中四个基本要素的核定以及均衡性转移支付资金的使用效率和制度的政策效果，这些也都是长期以来对均衡性转移支付制度研究的核心内容。

3.2 均衡性转移支付规模及比重分析

从1994年我国实行分税制改革到现在，作为我国财政体制的重要组成部分的均衡性转移支付不论是从规模上还是从占中央和地方财政收入的比重上都与从前有着较大的差别。在学术界关于均衡性转移支付的理论不断创新的基础上，经历了二十多年的发展历程，均衡性转移支付分配办法日趋完善，逐步形成了科学的、客观的均衡性转移支付资金规模的测算体系。随着我国经济高速发展，中央财力日益充沛，同时，在我国实行分税制改革之后，在中央政府和地方政府的"财权事权不平等"框架下，我国财政纵向不平衡的问题一直没有得到解决，因此为了实现财政纵向、横向均衡以及公共服务均等化，中央不断加大对地方的财政转移支付资金规模，其中均衡性转移支付的规模更是快速增长。中央对地方的财政转移支付规模由 1995 年的 665.63 亿元发展到 2000 年的 2464.00 亿元，到 2015 年已经高达 50078.65 亿元，其中，均衡性转移支付规模由 1995 年的 20.70 亿元增加到 2015 年的 18471.96 亿元，年均增长 52%。此外，2015 年均衡性转移支付占中央对地方财政转移支付的比例为 36.89%，是 1995 年 3.11% 的近 12 倍；均衡性转移支付占一般性转移支付的比例从 1995 年的 7.12% 增长到 2015 年的 64.92%（见表 3-1 和图 3-1）。

表 3-1　1995~2015 年中央对地方各类转移支付规模及均衡性转移支付占比

单位：亿元，%

年份	均衡性转移支付	一般性转移支付	中央对地方财政转移支付	均衡性转移支付占一般性转移支付比例	均衡性转移支付占中央对地方财政转移支付比例
1995	20.70	290.90	665.63	7.12	3.11
1996	34.65	234.91	723.70	14.75	4.79
1997	50.21	273.37	789.26	18.37	6.36
1998	60.54	313.11	1202.57	19.34	5.03
1999	75.29	433.29	1793.61	17.38	4.20
2000	85.45	816.26	2464.00	10.47	3.47
2001	138.16	1571.77	3808.32	8.79	3.63
2002	279.04	1911.06	4345.89	14.60	6.42

续表

年份	均衡性转移支付	一般性转移支付	中央对地方财政转移支付	均衡性转移支付占一般性转移支付比例	均衡性转移支付占中央对地方财政转移支付比例
2003	380.32	2208.17	4632.92	17.22	8.21
2004	745.03	2618.30	5841.61	28.45	12.75
2005	997.57	3105.80	9416.90	32.12	10.59
2006	1011.75	5024.90	11071.19	20.13	9.14
2007	2302.12	7017.20	14873.07	32.81	15.48
2008	3510.51	8746.21	18708.60	40.14	18.76
2009	3918.00	11317.20	23677.09	34.62	16.55
2010	4759.79	13235.66	27347.72	35.96	17.40
2011	7487.67	18311.34	34881.33	40.89	21.47
2012	8582.62	21429.51	40233.64	40.05	21.33
2013	9812.01	24362.72	42973.18	40.27	22.83
2014	10803.81	27568.37	46509.49	39.19	23.23
2015	18471.96	28455.02	50078.65	64.92	36.89

资料来源：根据《中国统计年鉴》数据整理计算。

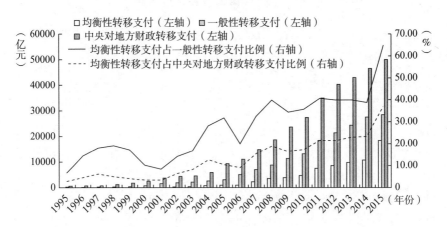

图 3-1 1995～2015 年中央对地方各类转移支付规模及
均衡性转移支付占比

根据表3-2的数据可知：中央对地方均衡性转移支付不仅是我国重要的转移支付形式，而且已经成为弥补地方财力缺口的重要手段，对均衡地区间财力差距起到了显著的作用，成为各级政府提供社会公共服务有效资金保障、实现基本公共服务均等化和地区间协调发展、最终实现公平和效率的不可或缺的财政手段。

表3-2　2005~2015年均衡性转移支付占地方财政支出比例统计

单位：亿元，%

年份	均衡性转移支付	一般性转移支付	地方财政支出	均衡性转移支付占中央财政支出比例	均衡性转移支付占地方财政支出比例
2005	997.57	3105.80	25866.27	4.92	3.86
2006	1011.75	5024.90	31218.60	4.31	3.24
2007	2302.12	7017.20	39202.08	7.78	5.87
2008	3510.51	8746.21	50194.86	9.66	6.99
2009	3918.00	11317.20	61044.14	8.94	6.42
2010	4759.79	13235.66	73884.43	9.85	6.44
2011	7487.67	18311.34	92733.68	13.27	8.07
2012	8582.62	21429.51	107188.3	13.38	8.01
2013	9812.01	24362.72	119740.3	14.33	8.19
2014	10803.81	27568.37	129091.6	14.57	8.36
2015	18471.96	28455.02	150335.62	14.96	12.29

资料来源：根据《中国统计年鉴》数据整理计算。

3.3　我国现行均衡性转移支付存在的问题

我国现行均衡性转移支付制度经过不断的改革与完善已经趋于规范化和透明化，均等化效果有显著的提高，为实现社会公平和效率提供了坚实的基础，但旧体制和外部条件的影响，使得均衡性转移支付仍存在一些不足，具体表现在以下方面。

3.3.1　均衡性转移支付力度不够

近年来，虽然均衡性转移支付总额逐年有所增长，从 1990 年的 176 亿元增至 2015 年的 18472 亿元，占全国地方政府财政总支出的比重有了较大幅度提升，从 3.68% 提升至 12.29%，但显然还是杯水车薪，对缩小地区间公共服务水平及财政收入差距的作用不显著。

3.3.2　均衡性转移支付分配规范程度有限

按公式分配法，均衡性转移支付应以"标准支出"与"标准收入"为基准来确定，并且以"税基×全国平均有效税率"来确定财政标准收入，然而在现实操作过程中缺乏合理性和可操作性。一方面，县市级难以区分税种和税基，使得县市级地方政府标准收入的测算通常采用地方财政收入的实际值替代，这样一来，就无法客观地反映地方政府财政积极性；另一方面，采用的是"全国平均有效税率"，这样落后地区的财政标准收入就被高估了，类似的诸多问题都对均衡性转移支付资金分配的规范程度造成很大的影响，因此，要同时辅以"政策性转移支付"来对少数民族地区、偏远地区进行补助。

另外，在地方标准支出的测算中采用的"因素法"没有充分体现各项基本公共服务的特征，并且，考虑的"因素"也非常有限，这使得地方标准支出测算也缺乏科学性和合理性。此外，还值得重视的是，在标准支出中"人员支出"占总支出的比重超过 60%，是地方财政支出的重要类目，因此，科学地测算标准财政供养人员才能保证基本公共服务的标准支出公正合理。对于"行政编制"，由于是按照国家的相关规定定编定岗，其具有一定的合理性；然而对于"事业编制"的确定，地方政府却具有较大的自由裁量权，这样一来，地方标准财政供养人员的测算就难以保证其科学性。最后，地区间的自然资源、社会现状和经济发展水平的差异会造成公共支出成本差异和规模效应的不同，也必然会让地方标准支出受影响。因此，应在目前的地方公共事业发展标准支出的测算中，加入成本差异与规模效应的系数，来修正其造成的地区间的差异，只有这样才能使标准支出的测算更加科学和公正。

此外，中央财政预算尚未完全将预算外收支、国有土地出让收入等纳入标准财政收支的测算范围，而统计数据显示，近年来我国预算外资金规模、土地出让收入十分庞大，并且地区差距非常明显，以2011年为例，我国全国土地出让收入就达到3.15万亿元，为2011年地方财政决算收入5.25万亿元的60%；2010年地方政府预算外资金收入5395.1亿元，占同年地方财政决算收入40613.0亿元的13.28%，这说明在测算地方标准财政收支时使用的数据与实际数据有较大出入，这在很大程度上弱化了均衡性转移支付的作用。

3.3.3 均衡性转移支付缺乏激励机制

现行的均衡性转移支付制度主要在两个方面缺乏激励机制。一方面，制度中缺乏对靠自身财政努力而提高了本地区的财力水平，使得实际收入高于标准收入的地区实行奖励措施；另一方面，均衡性转移支付的资金没有得到合理的分配，使得接受补助的地区丧失财政积极性。比如，有的地方政府因为转移支付资金规模过大而财力变得十分充裕，这不仅容易造成地方官员贪污腐败的现象，而且导致了地方政府缺乏财政激励而过多依赖上级政府的补助，不利于地方财政积极性的发挥；还有的地区因所分配的资金规模不足以弥补地方财力缺口，无法满足地方公共服务均等化的资金需求而产生消极怠慢情绪，这同样对均衡性转移支付政策目标的实现十分不利。

3.3.4 均衡性转移支付缺乏有效监督

我国均衡性转移支付制度从实施到现在，为实现资金分配的公平，一直在摸索和完善资金分配办法，并且初见成效；但对于资金分配之后，对各地区均衡性转移支付资金的使用绩效如何进行有效监督和规范管理的研究却十分匮乏。所以，今后在对均衡性转移支付制度的不断完善过程中，其关注度不仅仅放在资金的分配环节，更应把精力放在对资金的管理环节上，通过建立均衡性转移支付的绩效评价体系，对转移支付资金进行监督管理，对均衡性转移支付的公共服务供给效率进行评估，以此全面掌握我国均衡性转移支付制度的运行情况，保证政策目标的实现。

3.4 国外均衡性转移支付制度发展概况

财政均衡制度是在国家各级政府的职能与收入和支出都明确划分的基础上，通过均衡性税收分配或政府间的均衡性转移支付等手段来调节纵向和横向财政不均衡的制度。最早的财政均衡制度出现在1886年的英国，英国当时的财政大臣乔治·高森提出了高森公式（Goschen Formula），这也是最早的以公式计算为基础的税收分享的财政均衡制度的实施办法，并在之后的将近一个世纪的时间里都沿用这个制度。1881年，高森根据英国三个地区（英格兰、苏格兰和爱尔兰）的人口比例来确定中央政府对这三个地区的税收分享比例，也就是说，高森公式中包含按人均进行税收分配的因素，因此具有财政均衡功能。此后经过演变成为均衡补助公式。直到 1978 年出现了巴特尔公式（Barnett Formula）将之取代。

1848 年出现了继美国之后的第二个联邦制国家——瑞士，但瑞士直到 1959 年才建立财政均衡制度。加拿大联邦成立于 1867 年，其正式建立财政均衡制度到了 1957 年。虽然美国是世界上第一个联邦制国家，但它却没能成为第一个实行财政均衡制度的国家。澳大利亚联邦于 1933 年建立了财政均衡制度，是最早实行财政均衡制度的联邦制国家。

3.4.1 澳大利亚均等化转移支付制度概况

1901 年，由六个殖民地正式组成了澳大利亚联邦，成为澳大利亚联邦的六个州政府，因此它们有着相同的社会和经济管理职能，但它们各自特殊的历史背景、自然资源的差异以及地区间财力水平和经济发展的不平衡性，促使澳大利亚联邦早在 1933 年就建立了规范的均等化转移支付制度，成为最早实行财政均衡制度的联邦制国家，这项制度的建立也是维护澳大利亚联邦政治稳定、促进全澳经济协调发展的必然选择。

澳大利亚均等化转移支付制度遵循的是横向财政均等化分配原则，以各州政府都有能力提供无差别的公共服务，所有的澳大利亚人都享有平等的待遇为目标。也就是说实行均等化转移支付之后，各地区间的财政差异完全消除，澳大利亚的均等化转移支付制度可能是世界上唯一一个致力于完全均等化的财政制度。

澳大利亚目前的均等化转移支付制度以纵向一般性转移支付为主，并且成立了联邦拨款委员会（Common wealth Grants Commission），这个机构专门负责对整个澳大利亚均等化转移资金进行拨付和负责均等化转移支付制度的实施与完善，是联邦国家中最早的财政均衡制度的实践者。该委员会的优势在于它是独立于政府之外的咨询性的民间机构，因此由它提出的分配方案和完善建议具有一定的客观性，中央和地方都比较能认可和接受，这对缓解中央与地方在转移支付分配过程中的矛盾、协调中央与地方的关系起到了积极的作用。为了实现澳大利亚政府间的财政均衡，联邦拨款委员会又分别下设了各州拨款委员会和地方拨款委员会。长期以来，澳大利亚均等化转移支付以其周全的制度设计闻名于世，它除设计了地方政府财政收入能力和公共物品支出需求这样的双重标准，还考虑了各地方政府公共物品的支出成本约束，以保证转移支付资金分配的合理性。这是由于：即使在相同公共服务标准下，各个地方提供公共服务所需要的财力也会因公共服务成本不同而不同，公共服务成本较高的地方政府往往需要更多的均衡化转移支付资金，才能满足提供公共物品所需的额外成本。具体实施过程如下：

3.4.1.1 联邦拨款委员会对均等化转移支付的分配

为实现公平和全面均等化，联邦拨款委员会通过综合考虑各种因素，经过一系列严格程序的计算，按照人口规模向地方政府分配均等化转移支付资金。首先，联邦拨款委员会根据联邦统计局的相关统计数据，对各州的财政收入进行大致的了解；其次，通过考察和分析各州近五年的财政收支情况，来进一步评估各州的实际财政能力，再结合对各州的人均财政收入差距的量化分析结果，以最终确定各州所需的财政转移支付额。从1998年起，每隔五年澳大利亚联邦拨款委员会都会对现行转移支付做一次总体评估，并对公式中所用的数据进行更新。1999年澳大利亚联邦和州政府之间签署的《中央、州财政关系改革原则的政府间协议》中规定：澳大利亚联邦财政需要支付的39项社会管理和公共服务项目中，有5项一般公共服务类项目，8项教育类项目，9项医疗卫生和社区服务类项目，4

项法律、秩序与治安服务类项目，2 项文娱类项目以及 11 项经济活动类项目，这些项目的资金需求被看作联邦政府向州政府无条件转移支付中最重要的部分，也是维持地方政府日常开支所必需的资金需求。并且，为保证联邦各州公共服务均等化，考虑到公共支出成本的差异会影响公共服务支出需求，联邦拨款委员会会对各州的公共服务成本进行核算，同时结合各州的人口和公共服务能力等因素，再根据全国人均支出水平，核算出该州的各项社会管理和公共服务的支出数量，最终由联邦拨款委员会根据各州收入和支出需求的差异统筹拨付联邦转移支付资金。因此，联邦拨款委员会以一套科学、复杂的公式来测算各州的财政能力和支出需求，然后再决定拨款如何分配，以实现财政转移支付资金的最大均等化。值得一提的是，在整个均等化转移支付分配过程中，无论是分配办法的确定，还是州和地方的财政能力、支出标准的核算，或者是对公共服务的供给效率的评估，联邦政府都是以近五年的平均水平作为测算依据，从而可以确保均等化转移支付制度的稳定性。

3.4.1.2　州拨款委员会对联邦拨款的均等化分配

澳大利亚地方政府财政支出项目有：地方治理项目、家庭和社区服务项目、老人和残疾人服务项目、基础设施项目、垃圾清理项目、环保项目、商业服务项目等。州拨款委员会遵循全面均等化原则，通常根据地方政府财政支出的具体使用用途，结合该项财政支出成本的主要影响因素，对各地方政府该项开支所需的财政资金的平均值进行测算，从而得到各地方政府需要的均等化转移支付资金总额，最后按照地方的人口数进行分配。为了实现地方政府公共服务均等化，保证公民享有公平、平等的福利，州政府对地区人口统计数据还要经过进一步核对校正。

3.4.1.3　专项资金的直接拨付

除了均等化转移支付资金之外，澳大利亚联邦对地方的专项转移支付资金的拨付也为实现财政均等化起到重要的作用。各州之间自然禀赋的差异，使得地区间的发展状况差距很大，因此，为了促进落后地区的资源开发利用、加快地区经济的发展，联邦政府设立专项资金来扶持落后地区的经济建设。这样，在实现公共服务均等化的同时，可以协调地区经济发展，在保证公平的基础上实现经济的腾飞。

3.4.2　德国均衡性转移支付制度概况

德国是一个具有较高中央集权性的联邦制国家，分为联邦、州和地方三级政府，实行适度的分税制财政体制，其财政转移支付制度兴起于 20 世纪 50 年代，发展至今已相对完善，且独具特色。德国的财政转移支付制度主要包含两方面，一个是财政的横向平衡；另一个是财政的纵向协调，它为地区之间的财力均衡起到了很重要的作用。德国政府一直秉承人人平等不能区域有别的原则，凡是德国公民，无论其生活在德国的任何地区，都有平等享受同等公共设施和服务的权利，并将其写入宪法。因此，在德国统一前，以横向平衡政策为主的横向转移支付方式占据主要地位。2002 年修订的德国《基本法》第 107 条对财政州际平衡做出相应规定（Artikel 107 Grundgesetz）。根据这一规定，经济发达地区（州）每年有义务补给经济欠发达地区（州），实现州际的财政平衡。当然，在横向平衡的过程中也会出现相应的矛盾和问题，此时财政的纵向协调就显得尤为重要。

3.4.2.1　横向平衡

横向平衡是相对于横向失衡而言的，不同地域的同级财政满足当地公共支出的水平和能力不同，才会导致财政横向失衡。横向失衡的结果可能会导致居民的重新选址，引发效率损失。为消除地方财政支出差异，实现公平和效率，德国的法律明确界定了富裕州与贫困州：规定人均财政收入超过全国平均值 2% 的州为富裕州，人均财政收入未达到全国平均值 95% 的州为贫困州。富裕州有义务将超出平均值的份额补给贫困州，实现全社会福利水平和收入分配的均等化。

横向财政转移支付具体包括两种支付方式：一种支付方式是分配销售税，富裕州自留 1/4，余下的 3/4 分配给各州；另一种支付方式则是富裕州直接补给贫困州。横向财政转移支付的具体实施包括以下几个环节：首先，统计人口数量。依据规定，居民人数以当年的 6 月 30 日州居住人数为标准，并根据居民人数、规模系数、人口密度进行加权计算。其次，测算"全国居民平均税收额"和"本州居民平均税收额"。富裕州的评定标准为本州居民平均税收额超过全国居民平均税收额的 2% 以上；贫困州的评定标准为本州居民平均税收额低于全国居民平均税收额的 95%。最后，执行具体资金划拨程序。当"居民平均税收额"占"全国居民平均税收额"的 102% ~ 110% 时，富裕州自留超出部分乘以州的实际人口数的 30%，剩余部分分配给各州；当"居民平均税收额"占"全国居民平均税收额" 110% 以上时，富裕州将超出部分全部用于转移支付，在年终汇总清算，最终使得每个州的财政能力至少达到全国平均财政能力的 95% 以上，并且整个体系是一个平衡机制，即富裕州转出的转移支付总量与贫困州获得的资金数相等。

3.4.2.2 纵向协调

财政转移支付制度中的纵向协调是公共服务均等化目标实现的重要手段，主要包括联邦对州、州对地方政府的转移支付和补充拨款三个部分。

首先，联邦对州的转移支付。共享税是政府税收的主要来源，是联邦对州转移支付的重要来源，主要包括公司增值税、资本利得税、企业所得税和个人所得税等。各级政府共享税收入的比例不同，差别不大，基本上占据各自税收总收入的 70%～80%。共享税的分成比例也有具体规定，对于公司所得税和资本利得税，联邦和州平均分成（各占 50%）；对于个人所得税及工资税，州和联邦各占 42.5%，三级政府得 15%。共享税在联邦、州及三级政府之间的分配是联邦政府实现纵向财政平衡的有力保证。其中，最能体现均衡地区间财力差距的转移支付形式为"增值税的共享"，它与其他共享税分配不同的是，它不是简单地按比例在各州之间平均分配，而是作为德国税收收入分配体系中唯一能够调整联邦与州之间以及州与地方之间收入关系的税种，在具体分配形式上带有明显的"劫富济贫"性质。按财政均衡法的规定，增值税按一定比例分成两部分，一部分归联邦财政使用；另一部分在州之间进行分配。后者又分为两部分，较大的部分按照各州的居民人口进行平均分配，较小的部分在一些财政紧张的州之间进行分配，使这些州的财政接近联邦各州的平均水平。这些分配办法及计算公式都有明确的法律规定。

其次，州对地方政府的转移支付。为了保证各自辖区地方政府的财力平衡，各州会根据所辖范围地区的具体情况进行一般转移支付或是专项转移支付。一般转移支付，主要是对地方的财力补助，不指定用途，地方可有相对的自主安排权。专项转移支付，规定了明确的使用用途，不可挪作他用。州与联邦的共享税是州进行财政转移支付资金的主要来源。各州之间的财政转移支付一般为一般转移支付。因此，地方政府支配相对自由，没有规定资金使用范围及用度。

最后，财政补充拨款是联邦的一种无条件拨款，对特定地区的特殊需求进行补助，是各州之间横向平衡和纵向协调的补充，在具体操作上，它不采用公式化的办法。财政补充拨款主要分为以下几种：一是补助贫困州，通过平衡各州之间的收入分配，提高其财政能力接近全国平均水平（99.5%）。二是提供特别拨款。对州和地方政府事权范围以内的投资项目和重大支出提供拨款补助；对委派各州完成的项目进行拨款支持；对政治性负担高于平均水平的州提供特别拨款。三是完成共同任务，如高等学校共建任务、地区经济结构的调整和升级、海岸保护等。在完成共同任务时，各级政府（联邦、州、地方政府）都有相应的分工，但是联邦政府分担的任务较多，一般情况下占总任务数量的一半以上，具体拨款额度，由联邦与州政府协商决定，并在一般预算中做出安排。财政补充拨款是联邦对州的特殊财政转移支付，是联邦政府对下级财政进行干预的重要手段，也是协调全国各地经济发展的指挥棒。

此外，联邦政府还建立了"德国统一基金"。基金的主要部分通过金融市场借贷，占资金的5/6，其余部分通过征收团结互助税附加费等方式征收。两德统一前，德国的财政转移支付主要以横向平衡为主。两德统一后，东西部财力差距较大，横向平衡的效果不明显，横向平衡政策逐渐转向纵向协调政策。由此可见，面对地区差异性较大的情况，中央政府的转移支付作用不容小觑。我国各个地区经济发展水平参差不齐，资源环境归属复杂，实施以均等化为目标的纵向转移支付，同时引入横向转移支付进行横向调节和平衡的做法是比较合理的。德国在解决财政横向失衡方面积累了丰富的经验，对我国实现横向平衡目标有很好的借鉴作用。

3.4.3 日本均等化转移支付制度概况

日本与中国一样，是一个中央财政相对集中的国家，中央税占税收收入的2/3，而中央政府财政支出占总财政支出的1/3，这意味着，地方政府需要用 1/3 的税收收入来满足 2/3 的支出需求，这显然是不可能实现的，因此，日本中央政府需要通过大量的转移支付来处理不同层级政府之间财政关系的不平衡问题，以此来弥补地方政府的财力缺口。针对不同政策目标，日本政府会采用各种补助方式，并根据是否规定使用用途和是否存在附加条件来划分。具体来说，日本转移支付体系中包括以下四种类型：地方交付税、国库支出金、地方让与税以及地方特例交付金，其中前两种地方交付税和国库支出金为主要的财政转移支付形式，占到中央对地方转移支付总量的90%左右。一般地，地方交付税会作为一般性补助用于协调地区间财政收入来达到公平目标，而国库支出金会作为专项补助用于提高公共产品的供给水平，有利于达到效率目标。下面主要阐述地方交付税这种均等化转移支付形式。

地方交付税是 1954 年建立的，它是由中央直接向都道府县和市町村两级政府分配的不指定用途、没有附加条件的一种均等化转移支付形式，是日本政府为了平衡各地方政府财力水平和保障各地方政府财政收入的财政调节制度。近些年来，日本的地方交付税一直占地方财政收入的20%左右，是最重要的转移支付形式之一，其在规模的确定、分配方法以及监督管理上经过不断改革和完善，如今已成为一套具有非常强的技术性、科学性的财政转移支付体系。主要从以下几个方面来看。

3.4.3.1　地方交付税设立的目的

地方交付税是日本中央政府本着地方自治的宗旨，在各个地区的自然环境、社会环境以及经济状况存在很大差异的情况下，为了保障地方政府规模职能、独立运营，缩小各地区的税收收入差距，在地方政府间寻求财政收入的均衡性而设立的一种转移支付制度。也就是说，地方交付税主要用于平衡和保障地方政府财源。

3.4.3.2　地方交付税的资金来源和分类

地方交付税是按照法律规定的一定比率对国税中的一些所得税类和资源税类进行加总而得出的地方政府的一般财源，其资金来源于国税，日本的国税税目分为：法人税（Corporate tax）、所得税（income tax）、酒税（liquor tax）、香烟税（Cigarette Tax）和消费税（consumption tax），具体计算方法如下：

$$LT = 29.97\% \times Cor\_tax + 32\% \times inc\_tax + 32\% \times liq\_tax +$$
$$25\% \times Cig\_tax + 29.5\% \times Con\_tax$$

其中，LT 为每年中央政府分配给地方政府的财政资金总额，Cor_tax、inc_tax、liq_tax、Cig_tax、Con_tax 分别代表国家法人税、所得税、酒税、香烟税和消费税总额。

地方交付税又可分为普通交付税和特别交付税。其中，普通交付税于每年的 8 月末前确定拨付额并于每年的 4 月、6 月、9 月和 11 月分四次拨付，它是地方交付税的主体，占交付税总额的 94%；特别交付税于每年的 12 月和 3 月确定并拨付，其仅占地方交付税的 6%。

3.4.3.3　地方交付税的分配

日本转移支付制度的相关立法较为完善，为了规范资金的筹集与分配，制定了《地方交付税法》，规定按照"因素法""成本效益法"的方法来进行分配。首先，对相关因素进行综合考虑，科学合理地设计公式，并且所有地区都根据同样的公式进行测算，再经过科学的定量和定性分析，规范的管理和审批程序最终确定下来。整个实施过程公开透明，有章可循，这样一来就可以大大减少转移支付的盲目性、随意性，也可以在较大程度上避免人为因素对财政转移的干扰，每个地方政府获得的分配额都予以公布，不仅可以避免中央政府与地方政府之间经常性的讨价还价，还可以减少地区之间盲目的攀比之风。

具体来说，普通交付税是通过核定地方政府的标准财政收入和标准财政支出的差额来进行分配，按照统一标准计算出每个地方政府能够得到的交付税的数额，如果标准财政支出小于标准财政收入时，则不予以拨付普通交付税，也就是说，普通交付税主要用于支援自有财政能力较弱的地方政府，地方政府财政缺口越大，拨付给它的地方交付税的数额就越大，这就为其提供了必要的财力保障。特别交付税是对普通交付税进行补充的一种财政转移支付形式，主要是对普通交付税分配额确定后，某些地区由于特殊情况（如因地震、台风等自然灾害）而出现的地方财政收入明显减少和特别财政支出需求等情形而提供的转移支付，是提供给地方政府的补充性财源。

3.4.3.4　地方交付税的监督与管理

为了更好地控制地方政府行为，便于对地方交付税资金的分配进行监督与管理，日本设置了总务省，来加强中央与地方的双向沟通以及中央对地方的财政监督，其具有双向职能，既代表中央政府对地方政府进行财政监督，也为地方政府谋求利益，防止其上级部门尤其是财务省损害地方政府的财政利益。

除此之外，针对地方交付税，日本中央政府还专门设置了"交付税特别会计预算"来专门负责对该项资金的管理和拨付。

4 现行均衡性转移支付财力均等化效果评估

在我国分税制改革体制下，以财力均等化为目标的均衡性转移支付是实现公共服务均等化的政策基础，是贫困地区提供公共服务的资金保障。由于均衡性转移支付是按一般公式法分配资金的，因此地区的财力状况是决定其规模大小很重要的因素。为此，本章对均衡性转移支付财力均等化效果评估是更好发挥其财政均衡职能、协调区域经济发展的重要依据。

4.1 均衡性转移支付财力均等化作用的评估方法

对转移支付均等化效果的测算方法主要有：标准差、变异系数、泰尔系数、基尼系数、不平等分解法、加权变异系数等，如：曹俊文、罗良清（2006）对 1996 ~ 2003 年省级财政数据进行分析，以财政支出的标准差系数与财政收入的标准差系数的比值作为均等化效果系数，考察转移支付对省际财政均等化的效果，发现转移支付有利于缩小三大经济区域（东部、中部、西部）的财力差距。曾军平

（2000）通过对 1994~1997 年不同省份的人均财政支出和人均财政收入的变异系数以及基尼系数的比较，认为在转移支付后，不均等的指标有所上升；Tsui（2005）考察了不同收入项目对财力不均等的影响，认为转移支付不具备财力均等化效应；尹恒等（2007）采用不平等分解法，指出中央财政转移支付不仅没有对县级财力起到均等化作用，反而在分税制改革后造成了近一半的县级扩大了财力差异，那些明确定位在缩小财力差异的各项转移支付，也没有如预期的那样达到财力均等化的效果。

传统上常采用基尼系数来衡量地区间的财力不均等以及评估政策的均等化作用，但这个方法存在一定的误导性，地方政府得到上级的某项转移支付后，不平等指标有所下降只能说明其不平等性低于转移支付之前的不平等性，但并不代表此项转移支付就具有均等化作用，因为只有转移支付是按贫困地区得到更多资金而富裕地区得到更少资金的反向调节地方财力分配方式，才是具有均等化作用的（尹恒，2007；李晖，2014）。为了对均衡性转移支付的财力均等化作用有更清晰的认识，本部分借鉴贾晓俊（2009）的分析，在传统基尼系数的度量方法基础上，对其进行分解，参照我国 2002 年、2003 年、2006 年和 2007 年的县级数据，对均衡性转移支付制度的财力均等化效果进行估计。

基尼系数是由美国统计学家洛伦兹 1905 年首次提出的以描述社会收入平均程度的洛伦兹曲线来分析的方法，其如今已经广泛应用于各个学科的不均等的度量当中。它是根据洛伦兹曲线进行计算，判断收入分配平均程度的指标，计算公式如下（Lerman，1985）：

$$G = 2\text{cov}[y, F(y)]/m \qquad (4-1)$$

其中，$\text{cov}[y, F(y)]$ 是地方财政收入与其累计分布函数的协方差，m 为地方财政收入的平均值。为了进一步分析某项财政收入，如转移支付收入的均等化作用，我们在基尼系数之上对系数进行分解：县级财力由县级自有收入、税收返还收入及各项转移支付收入构成，引入变量单项收入与总收入的基尼相关系数：

$$R_k = \mathrm{cov}(y_k, F)/\mathrm{cov}(y_k, F_k) \qquad (4-2)$$

同样的，F 是县级总财力的累计分布函数，F_k 是其中某一项收入 k 的累计分布函数。且 $-1 \leqslant R_k \leqslant 1$。当 $R_k = 1$ 时，说明县级总财力一定会随着某项收入的增加而增加，当 $R_k = -1$ 时，说明该项收入来源是一个关于县级总财力的绝对递减函数，而当 $R_k = 0$ 时，则说明该项收入为常数。那么，县级财力的基尼系数计算公式为：

$$G = \sum_{k=1}^{k} \left[\mathrm{cov}(y_k, F)/\mathrm{cov}(y_k, F_k) \right] \left[2\mathrm{cov}(y_k, F_k)/m_k \right] \left[m_k/m \right] \quad (4-3)$$

综合以上公式可得县级财力的基尼系数为：

$$G = \sum_{k=1}^{k} R_k G_k S_k \qquad (4-4)$$

那么，由公式（4-4）可知，某项转移支付对县级财力均等化的贡献可以分解为：某项转移支付本身的基尼系数 G_k，某项转移支付占县级财力的比重 S_k，以及某项转移支付与总财力的基尼相关系数 R_k。显然，G_k 是反映某一项转移支付自身分配是否均等的变量，R_k 是我们重点关注的变量，其度量某项转移支付是否具有均等化县际财力的作用，并且 R_k 的符号为负表明其具有贫困地区得到更多的转移支付资金而富裕地区得到更少资金的平衡县级财力的财力均等化作用。

4.2　均衡性转移支付财力均等化作用的实证分析

为评估均衡性转移支付对地区财力的均等化作用，我们必须先要明确县级政府财力定义：既要考虑县本级政府的财政收入即自筹财力，也要考虑接受转移支付之后的总财力。各级政府的财政总收入包括本级财政收入和上级给予的转移支付收入和其他收入，其中转移支付收入包含税收返还收入、一般性转移支付以及专项转移支付；本级财政支出基本等于接受转移支付后的本级财政总财力。

本部分将借鉴尹恒等（2007）、李晖（2014）对县级政府总财力的定义：上级政府的净转移支付与本级财政收入之和。其中，净转移支付等于三类财政转移支付收入之和减去地方上解中央的支出（即体制上解、出口退税上解和专项上解）。

本书以下部分为：基于2002年、2003年、2006年和2007年全国199个县级的数据，采用上述基尼系数分解法，得出测算结果（见表4-1）。

首先，为了说明我国转移支付制度整体上的县际财力均等化作用，我们通过转移支付前后财力的基尼系数变化来说明。从县级政府本级财政收入基尼系数值均高于40%可以看出，县际财力差异巨大，转移支付使这种巨大财力差距状态有所缓解；从表4-1中的基尼系数变化值为负，转移支付后总财力的基尼系数值大幅度持续下降，在2007年变化率甚至超过80%，也可以看出转移支付后县际财力差异明显降低；从单项转移支付来看，税收返还对于基尼系数的促减作用最微弱，甚至出现了正值，这表明税收返还加剧了县际财力不均等程度。此外，从均衡性转移支付与专项转移支付基尼系数变化率的数值上来看，专项转移支付对基尼系数的促减作用更为明显，这是由于专项转移支付占县级财政收入的比重较大，自2007年起，中央政府增加了均衡性转移支付的比例后，基尼系数变化率大幅度提高，均衡性转移支付的县际财力均等化作用就明显体现出来了。

表 4 – 1　县级政府收入与转移支付基尼系数测算与分解

收入类别	指标	2002 年	2003 年	2006 年	2007 年
本级财政收入	基尼系数 G	0.421	0.445	0.492	0.544
转移支付后总财力	基尼系数 G'	0.128	0.252	0.111	0.105
	基尼系数变化率（%）	-69.679	-43.297	-77.501	-80.699
均衡性转移支付	基尼系数 G_1	0.495	0.397	0.408	0.316
	基尼系数变化率（%）	17.441	-10.703	-17.161	-41.936
	所占比重 S_1	0.059	0.034	0.102	0.110
	均等化作用 R_1	0.206	-0.002	0.070	-0.073
专项转移支付	基尼系数 G_2	0.296	0.334	0.265	0.184
	基尼系数变化率（%）	-29.646	-24.918	-46.126	-66.126
	所占比重 S_2	0.182	0.107	0.232	0.271
	均等化作用 R_2	0.296	0.334	0.265	0.184
税收返还	基尼系数 G_3	0.508	0.446	0.536	0.538
	基尼系数变化率（%）	20.502	0.352	8.901	-1.096
	所占比重 S_3	0.204	0.531	0.140	0.109
	均等化作用 R_3	0.508	0.446	0.536	0.538

资料来源：通过对相关统计年鉴数据整理计算。

其次，对县级总财力的基尼系数进行分解。专项转移支付和税收返还的基尼相关系数 R_k 始终为正，说明我国专项转移支付和税收返还与地方财力是同向分布的，也就是说，这两种转移支付资金流向经济发达地区，所以其存在显著的非均等化作用；而税收返还的非均等化作用仍然很大，这是由于中央对地方的税收返还是以 1993 年获得的税收为基数逐年递增返还，这种返还办法就会使富裕地区得到的更多，贫困地区得到的更少，这更进一步扩大了地区的财力差距。

最后，如前文所述，评估某项转移支付是否具有均等化作用，关键看基尼相关系数 R_k，但其均等化作用大小还与某项转移支付本身的基尼系数 G_k 以及其自身占县级总财力的比重 S_k 有关。也就是说，虽然均衡性转移支付有利于实现财力均等化，但由于均衡性转移支付的比重不高，仍然无法改变税收返还和专项转移支付的非均等化作用，所以总体来看转移支付造成了一定的财力差距。此外，由于近年来专项转移支付本身的基尼系数 G_k 逐渐缩小，所以其对基尼系数的减少也起到了一定的作用。

4.3 本章小结

本节运用基尼系数及其分解这一统计方法，对我国 2002 年、2003 年、2006 年、2007 年的均衡性转移支付的财力均等化效果进行了评估，可以得出以下结论。

第一，均衡性转移支付具有财力均等化的作用。本节通过研究样本期间全国 199 个县级财力基尼系数对比可知：总体来说，各项中央的财政转移支付（除税收返还之外）降低了县域间的不平等性，但进一步对基尼系数进行分解发现，只有均衡性转移支付资金是流向贫困地区的，也就是说均衡性转移支付具有财力均等化作用，而其他形式的转移支付反而会扩大地区间的财力差距。

第二，研究样本期间均衡性转移支付占县级总财力的比重较低，使得其均等化作用有限，无法改变转移支付总体带来的非均等化影响。在均衡性转移支付的测算办法中，转移支付系数表明中央对地方的均衡性转移支付资金总量与地方标准收支之间差额的对比关系，从这个系数来看，1995 年到 2005 年，中央均衡性转移支付资金总额占地方标准财政收支缺口的比例从 4.2% 增加到 47.3%，但即便如此，2005 年中央用于弥补地方标准财政收支缺口的均衡性转移支付资金量也还不到缺口的一半，这样按公式分配的均衡性转移支付资金发挥的财力均等化作用会大打折扣。

第三，税收返还自身的特殊性，导致其非均等化作用显著，使得地区间产生"富者更富、穷者更穷"的马太效应，因此要加快取消税收返还的政策。

本部分的研究表明，为了达到地区间财力均等化，为各地方政府提供均等化公共服务给予资金保障，实现公平与效率目标，首先，要优化和调整转移支付结构，加大基础性的均衡性转移支付的力度，充分发挥均衡性转移支付横向均衡效应，同时减小专项转移支付的比重，将均衡性转移支付变为财政转移支付的主要类型，这也是中国财政体制改革的重点之一。其次，均衡性转移支付的财力均等化是为了公共服务均等化，而公共服务水平通常是以人均财政支出来衡量的，因此均衡性转移支付旨在使地区间人均财政支出均等化，所以在进行均衡性转移支付规模的测算时，应核算地方标准收入和标准支出的人均值的差额，进一步完善均衡性转移支付规模的测算办法和资金的分配方式，使资金更多地流向贫困地区，充分发挥财力均等化的作用，实现中央政府的政策目标。最后，通过上文的估计结果可知，总体来看，转移支付制度对各地区财力差距的调节作用非常有限，仍然无法缩小地区之间政府财力上的巨大差距，而且此差距还会继续扩大。因此，要从根本上解决地区间财力不均衡问题只有尽快改善地区间经济发展不均衡的局面。

5 现行均衡性转移支付制度的
激励效应评估

5.1 均衡性转移支付制度与地方政府
财政收入行为

我国分税制财政体制对推动经济发展有着非常重要的激励作用，然而，财政分权下的财力与事权不匹配引起的利益纷争也使得地方政府间的财政竞争愈演愈烈，地区间扭曲的税收竞争、膨胀的政府规模以及不合理的政府行为都会影响整个国家的经济走向甚至社会秩序，在此背景下，转移支付制度担负起解决外部性和公平的收入分配、维持有效的税收体系、弥补地方政府财力不足等方面的重要责任。这是由于中央转移支付是地方政府财政收入的重要组成部分，伴随着规模的不断扩大，从1995年到2014年，均衡性转移支付占地方财政收入的比重不断增大，2014年达到14.24%，是1995年的20倍多（见表5-1、图5-1），因此，均衡性转移支付制度在很大程度上影响着地方政府的收入行为。这是因为：虽然我国的税收立法权是高度统一的，税种开征和税率设定都由中央政府决定，但在以经济发展为政治考核目标的机制下，地方政府为争夺税基往往采用税收优惠政策来降低实际税率，从而使得地方政府间形成"只竞争，不合作"的不良关系，同时税收征管存在征管效率问题，使得地方企业所承担的实际税率与法定税率可能不一致（刘怡等，2015），因此，均衡性转移支付可能带来效率的损失。

表 5 – 1　1995～1998 年和 2002～2014 年均衡性转移支付占地方财政收入比重统计

年份	均衡性转移支付（亿元）	地方财政收入（亿元）	地方税收收入（亿元）	地方税收收入占地方财政收入比重（%）	均衡性转移支付占地方财政收入比重（%）
1995	20.70	2985.58	2832.77	94.87	0.69
1996	34.65	3746.92	3448.99	92.05	0.92
1997	50.21	4424.22	4002.04	90.46	1.13
1998	60.54	4983.95	4438.45	89.05	1.21
2002	279.04	8515.00	7406.16	86.98	3.28
2003	380.32	9849.98	8413.27	85.41	3.86
2004	745.03	11893.37	9999.59	84.08	6.26
2005	997.57	15100.76	12726.73	84.28	6.61
2006	1011.75	18303.58	15228.21	83.20	5.53
2007	2302.11	23572.62	19252.12	81.67	9.77
2008	3510.51	28649.79	23255.11	81.17	12.25
2009	3918.00	32602.59	26157.43	80.23	12.02
2010	4759.79	40613.04	32701.49	80.52	11.72
2011	7487.67	52547.11	41106.74	78.23	14.25
2012	8582.62	61078.29	47319.08	77.47	14.05
2013	9812.01	69011.16	53890.88	78.09	14.22
2014	10803.81	75876.58	59139.91	77.94	14.24

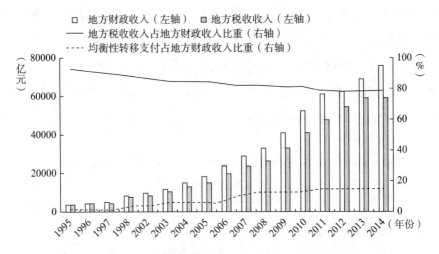

图 5 – 1　1995～1998 年和 2002～2014 年均衡性转移支付
占地方财政收入比重

　　本章关注均衡性转移支付—地方征税努力—地方政府间税收竞争这样一条传导机制；一方面政府间转移支付对地方征税努力影响显著；另一方面征税努力的确对税收收入产生重要效应。需要说明的是，本章的征税努力是广义的，参照汤玉刚和范程浩（2010）的观点，"征税努力"或者"征管效率"不仅仅指技术层面的税务管理效率和主观征税努力程度，还包括地方政府为吸引税基或外部资本出台的各种税收优惠和返还政策而引起的实际税率的内生变动。也就是说，分税制的契约性质对地方政府具有重要的激励效应（吕冰洋、郭庆旺，2011），因此，地方收入行为主要表现为征税努力，可从两个方面来看：一是在既定税收能力下，提高税收征管效率从而增加地方政府的自有收入；二是同一级别不同地区之间政府通过降低纳税人所承担的实际税负来吸引外资的流入而展开的税收竞争。本章通过以上两个方面来评估均衡性转移支付对地方政府的财政收入行为的激励效应。

5.1.1　理论模型

为了揭示均衡性转移支付对我国地方政府税收竞争的影响效应，我们借鉴 Koethen buerger（2002）、Bucovetsky 和 Smart（2006）的模型。设地区 i 和 j 为相邻地区，i 地区税基为 B_i，税率为 t_i，令地区 i 的税基是税率的线性函数：

$$B_i = B_i^0 + ct_j - at_i \qquad (5-1)$$

其中，参数 B_i 和 $a > c \geqslant 0$，若 $c > 0$，即相邻地区间存在税收竞争行为，则会引起地区间财政外部性，式（5-1）表明一个地区的税率提高会引起相邻地区税基的提高。

我国幅员辽阔，省级以下政府之间财政能力存在很大差异，而均衡性转移支付制度是对地区财政收入的再调整，是一种财政资金转移的财政平衡制度，设每个地区接受来自中央政府的均衡性转移支付用于弥补地区之间税基的差异，地区 i 的转移支付的规模为：

$$G_i = \alpha_i (N_i - B_i) \qquad (5-2)$$

其中，N_i 代表地区财政需求，α_i 为转移支付的边际贡献率，即税基增加在多大程度上减少了本地所接受的转移支付。地区 j 的变量类似定义，我们允许 $\alpha_i \neq \alpha_j$，代表不同地区在一个非线性均衡方案下的不同可能性。

设其他参数及相邻地区的税率已给定，地方政府追求本地税收收入和均衡性转移支付最大化，在这个模型中，最优税率 t_i 使得：$\max(t_i B_i + G_i)$，即：$\max[t_i B_i + \alpha_i(N_i - B_i)]$，且其一阶充分必要条件是：

$$B_i - a(t_i^* - \alpha_i) = 0 \qquad (5-3)$$

即：

$$t_i^* = \frac{B_i}{a} + \alpha_i \tag{5-4}$$

一阶条件定义了地区 i 的最优税率，它是相邻地区的税率和本地区转移支付边际贡献率的函数，即 $t_i^*(t_j, \alpha_i)$，式（5-1）和式（5-3）表明 t_i^* 随着地区 i 的边际贡献率 α_i 的增长而增长。

在下面的实证分析中，我们研究在我国均衡性转移支付制度下，地方政府根据本地资源及经济发展的不同特点，相应地制定税收优惠政策，采取不同的税收博弈策略，也就是考察均衡性转移支付制度对地方政府的税收竞争行为的影响。不考虑税率反应函数 $t_i^*(t_j, \alpha_i)$ 中的结构作用，我们找到地区的纳什均衡税率来作为反应函数的固定点。这个可以看作税率和边际贡献率之间的关系：$\bar{t}_i^*(\alpha_i, \alpha_j)$。根据一阶条件，可得：

$$\bar{t}_i^* = \frac{2a}{4a^2 - c^2}(B_i^0 + a\alpha_i) + \frac{c}{4a^2 - c^2}(B_j^0 + a\alpha_j) \tag{5-5}$$

$\alpha > c \geq 0$ 保证了唯一的纳什均衡的存在性。

我们的实证分析采用双重差分来找出均衡时地区的税率在相对边际贡献率变化时做出的反应：

$$\bar{t}_i^* - \bar{t}_j^* = \frac{B_i^0 - B_j^0}{2a + c} + \frac{a}{2a + c}(\alpha_i - \alpha_j) \equiv \beta_{ij} + \gamma(\alpha_i - \alpha_j) \tag{5-6}$$

$$\bar{t}_i^* = \frac{B_i^0 - B_j^0}{2a + c} + \frac{a}{2a + c}(\alpha_i - \alpha_j) + \bar{t}_j^* \equiv \beta_{ij} + \gamma(\alpha_i - \alpha_j) + \bar{t}_j^* \tag{5-7}$$

总结以上理论模型，本书得出如下三个命题。

（1）地区 i 的税率会受中央对本地区的均衡性转移支付及相邻地区 j 的税率的影响。

（2）中央对本地区的均衡性转移支付对本地区税率产生正向的

影响。

（3）中央对地方的均衡性转移支付会加剧地区间横向税收竞争。

5.1.2 计量模型的构建与分析方法

5.1.2.1 计量模型的构建

本部分主要考察我国中央对地方的均衡性转移支付对地方收入行为的影响，采用全国县域面板数据，在回归分析中，我们所关注的被解释变量是衡量税收竞争的指标，即地区间在宏观税负水平的空间策略性互动。已有文献对这方面的研究有些大方向上的结论，但都没有对均衡性转移支付制度进行专门和深入的研究与探讨，也没有对这个影响传导机制做深刻的剖析。本书的主要研究目的是，在我国中央对地方的均衡性转移支付的刺激下，地方会不会采取税收竞争这种地方政府间策略互动来提高本地的自有收入？还是会降低自身的财政努力从而减少本地自有收入？本部分基于动态空间工具变量模型（dynamic spatial instrumental variables），对 2006～2009 年中央均衡性转移支付和地区间横向税收竞争之间的关系进行实证检验。

由于在地区间税收策略互动关系的问题上，相邻地区间税收政策会相互影响，也就是说实证模型存在双向因果关系，这会导致税率的反应函数 OLS 估计不一致，因此，本部分实证估计的关键是选择合适的方法处理这些较为明显的内生性问题（Lyytikainen，2012）。根据现有文献，如果我们选择合适的工具变量对相邻地区的税收政策变量处理内生性问题，就可以排除剩下的空间相关性是由空间误差依赖所引起的，因此我们采取空间工具变量模型，以相邻地区的有关变量的空间加权法来选取工具变量处理内生性问题。此外，由于在我国分税制财政体制下，税收收入具有典型的"基数"

预算特征，地区的实际税率具有明显的动态依赖性，因此在实证估计中就必须要考虑地区的实际税率的动态性。这样一来，本书的工具变量还包括被解释变量地区的企业综合税负率的滞后项。

$$\tau_{it} = a\tau_{it-1} + bX_{it} + cTran_{it} + \rho_0 \sum_{j \neq i} w_{ijt}\tau_{jt} + \rho_1 \sum_{j \neq i} w_{ijt}\tau_{jt} \cdot Tran_{it} \quad (5-8)$$
$$+ p_i + t_t + e_{it}$$

其中，在考察地区之间的税收竞争时，τ_{it}是地区i在第t年该地区的企业综合税负率，为了表示企业综合税负率变化的动态依赖性，我们加入地区i滞后一期的企业综合税负率τ_{it-1}。X_{it}为以往文献中常用的影响地区宏观税负的因素，在此作为控制变量。$Tran_{it}$表示中央对地方的均衡性转移支付规模，以均衡性转移支付与地方一般预算收入的比值来衡量。w_{ijt}是反映i和j地区之间空间相互关系的空间权重矩阵，τ_{jt}表示地区j在第t年的企业综合税负率，$\sum_{j \neq i} w_{ijt}\tau_{jt}$表示税收的空间滞后变量，$\sum_{j \neq i} w_{ijt}\tau_{jt} \cdot Tran_{it}$反映均衡性转移支付对地区间横向税收竞争的影响。$a$为常数项，$b$、$c$分别是控制变量$X_{it}$、$Tran_{it}$的系数向量，$\rho_0$是反映相邻地区间税收策略互动关系的系数，$\rho_1$是均衡性转移支付对横向税收竞争影响的系数。$e_{it}$是地区$i$在时间段$t$内的残差项，$p_i$是地区固定效应，$t_t$是时间固定效应。$\rho_1$显著为正、显著为负或不显著，则表示来自中央的均衡性转移支付对相邻地区的税收竞争在空间上存在显著的正向、负向或不显著的外溢效应。

此外，我们对滞后工具变量最多选择二阶滞后来控制它的数量。为了处理空间关系里的内生性问题，避免控制变量的弱外生性问题对实证结果的影响，我们采用各地区强外生性的经济社会变量，如人口密度、人均 GDP、产业结构等变量来作为控制变量，以相邻地区税率及交叉项的空间加权来作为工具变量（Caldeiral，2012；谢贞发，2015）。采用一步稳健的系统 GMM 方法对以下动态空间工具变量动态面板模型进行估计。

5.1.2.2　变量选取、数据说明

本书的均衡性转移支付（样本期间称为"一般性转移支付"）及经济社会变量的数据来源于《全国地市县财政统计资料》、《中国统计年鉴》及《中国区域经济统计年鉴》等，第二、第三产业增加值数据来源于《中国县（市）社会经济统计年鉴》。截至目前，财政部只公开了2009年之前县级财政统计数据，故选取2006～2009年全国县级面板统计数据。

采用李永友（2015）"企业综合税负率"来刻画县级政府的税收竞争指标。数据来自《中国工业企业数据库》，本书所用数据包括2006～2009年的企业微观数据。

首先，在本书选取研究时期内《中国工业企业数据库》的样本中，考虑到某些省（区、市）自身的特殊性，如北京、上海、天津、重庆四个直辖市及西藏地区所辖县的数据以及某些企业数据的质量问题，在原始样本中对直辖市、西藏地区的企业样本进行了剔除，这是由于直辖市只包含两级政府，不符合本书的研究条件；而西藏地区人口稀少、工业相对落后，在财政收入方面极其依赖中央的转移支付，这样必然会带来明显的政策异质性，因而对其所辖地区的企业承担的实际税负产生影响，故需剔除当地企业样本。其次，对工业企业样本中的异常数据进行筛选，如指标数据有缺失，企业实际有效税率小于0或者大于1，企业注册资本、资产总额等为负值的样本。最后，我们结合县级统计年鉴提取涉及710个县（市）的工业企业数据作为研究样本。

此外，我们选用一组企业特征变量，主要包括资产总额、企业年限、工业企业外向化程度、规模以上工业企业流转税负等。这是因为，参照已有的理论和实证研究，我国税法对新企业或者规模以

上企业往往会有较多的所得税优惠或减免政策，所以我们控制企业年限，在模型中对企业年限变量采取了对数化处理，选取企业总资产来测度企业规模。参照李永友（2015）采用以县城内工业企业出口交货值与销售产值之比衡量工业企业外向化程度，采用主营业务税金及附加加上应缴增值税与主营业务收入之比衡量规模以上工业企业流转税负。此外，加入县区人口密度、人均 GDP、固定资产投资比（固定资产投资总额除以国内生产总值）、产业结构（第一产业产值除以 GDP）作为控制变量（见表 5 - 2）。

表 5 - 2　变量的描述性统计

变量	定义	观测值	均值	标准差	最小值	最大值
τ_{it}	地区 i 的宏观税率	2840	0.0558969	0.0270854	0.0077250	0.2048750
$tran_{it}$	地区 i 的均衡性转移支付	2840	0.4397665	0.3909989	0.0097586	3.6505920
$sale$	销售产值	2840	6.3669980	0.5129451	4.4667780	8.1457480
age	企业年限	2840	5.5722610	0.9382782	3.1801750	9.1681250
inv	固定资产投资比	2840	0.3733655	0.1917367	0.0881250	2.9247750
$industry$	产业结构	2840	0.2287347	0.1137437	0.0140250	0.9040500
$rjgdp$	人均 GDP	2840	4.1025020	0.2395871	3.4995110	5.0851880
den	人口密度	2840	0.0410194	0.0256963	0.0005000	0.1474250

对于空间权重指标的选取。借鉴现有文献关于空间权重的设计，由于样本县中存在没有地理上接壤的县（市、旗），在关于相邻县区位的确定中，为了避免产生估计中相邻县的税率为 0，我们定义"与 i 县相邻或者在地理上各个方向最近的县"为相邻县，我们以已有研究中常用的地理距离的倒数：$w_{st} = 1/d_{st}$ 作为空间权重指标，其中，地理距离等于空间单位之间的球面距离，w_{st} 反映不同地区的影响权重。

5.1.2.3 回归结果

表5 - 3报告了模型在空间权重指标下的回归结果。其中，$W\tau = \sum_{j \neq i} w_{ijt} \tau_{jt}$。

表5 - 3 动态空间工具变量模型的回归结果

解释变量	被解释变量 τ_{it}	
	（1）	（2）
	GMM1	GMM2
τ_{it-1}	1.0240***	1.0292***
	（6.62）	（6.72）
$tran_{it}$	0.0009	-0.0059
	（0.53）	（-1.01）
$W\tau$	0.5182***	0.4765***
	（4.08）	（3.30）
$W\tau \cdot tran$	—	0.1179
		（1.19）
den	0.8175	0.8103
	（1.33）	（1.31）
age	0.0014	0.0014
	（0.63）	（0.66）
inv	-0.0103*	-0.0105*
	（-1.66）	（-1.70）
industry	0.0834	0.0820
	（1.37）	（1.34）
rjgdp	0.0198	0.0193
	（0.93）	（0.92）
sale	0.0106**	0.0105**
	（2.19）	（2.18）

续表

解释变量	被解释变量 τ_{it}	
	（1）	（2）
	*GMM*1	*GMM*2
Constant	− 0. 2389 ** （ − 2. 34）	− 0. 2337 ** （ − 2. 32）
Observations	1420	1420
Number of county	710	710

注：（1） *** 、** 、* 分别表示在1%、5%、10%的显著性水平上显著；（2）括号中数据为 *P* 值。

我们根据表5－3的回归结果来分析本书所重点关注的几个核心解释变量的影响效应。

首先，从税率的滞后一期 τ_{it-1} 的回归结果来看，其在1%的置信水平上显著，这表明我国地区的企业综合税负率有非常明显的动态依赖性，也就是说，地区的前一年的税负率显著影响了当年的税负率。其次，从地理空间权重下的税负率即变量 $W\tau$ 的系数来看，它反映的是地区间的税收策略互动关系，系数为正，并且在1%的水平上显著，这一结果表明，财政分权体制下以县级企业综合税负表征的地区间横向税收竞争仍然显著存在，这与许多已有研究结论是一致的。再次，在地理空间权重下，中央的均衡性转移支付 $tran_{it}$ 的系数为正，但回归结果并不显著，说明中央对均衡性转移支付对本地区政府征收的企业综合税负水平的影响并不明确。最后，我们来看核心变量 $W\tau \cdot tran$，它反映的是均衡性转移支付对地区间横向税收竞争的影响，其回归结果也不显著，这是由于：

中央对地方的均衡性转移支付很大程度上缓解了地方政府的财政压力，使其没有那么大的动力来增加本地区的自有收入。也就是说，一方面，地方政府把均衡性转移支付当作征税的替代，在一定程度上降低了地方政府的征税努力，因此，从这方面来看，均衡性转移支付会缓解地区间的税收竞争。而另一方面，在以经济指标为主要考核内容的地方官员晋升机制下，地方官员为积累政治声誉，必然想通过税收竞争来改善本地区的投资环境，从而带来较多的资本流入，实现地区经济快速增长（沈坤荣，2006）。另外，均衡性转移支付对地方政府的财力补充加剧了地方政府经济建设性支出偏好，由于"粘蝇纸效应"，均衡性转移支付带来的地方公共部门支出的增长要大于本地财政收入对支出的增长，因此地方政府为了满足增加的公共支出就需要提高自身的财政努力（胡祖铨，2013），从这方面看均衡性转移支付会加剧地区间的税收竞争。因此，从整体来看，均衡性转移支付对地区间横向税收竞争的影响并不显著。这与以往研究中认为均衡性转移支付可以缓解地区间横向税收竞争（李永友，2015）的结论有所不同。

5.1.3 空间杜宾模型检验

为了进一步确定均衡性转移支付对地区企业的综合税负的影响，考察均衡性转移支付对地方政府的财政收入行为的激励效应，本节采用空间杜宾模型来进行进一步检验。

5.1.3.1 模型的建立

由上文分析可知各地区的企业综合税负率存在空间相互关系，所以如果采用传统的如混合 OLS、FE 和 RE 等面板估计方法，可能会产生有偏的或无效的估计结果。基于此，为了进一步明确均衡性转移支付对地方政府收入行为的影响，本部分采用空间杜宾模型（SDM）进行实证检验。这是因为：首先，与传统面板模型相比，空间杜宾模型能够处理空间自相关性和不均匀性；其次，空间杜宾模型（SDM）嵌套了干扰项和因变量的空间依赖，这样可以避免像空间滞后模型（SAR）和空间误差模型（SEM）那样忽略误差项和因变量的空间依赖，从而保证估计的无偏性；最后，空间杜宾模型可以使用马尔科夫链蒙特卡洛方法，基于参数的后验分布，对样本数据进行估计，这样大大降低了对样本量的要求（杨子荣，2015）。空间杜宾模型方程形式如下：

$$y = \rho Wy + \alpha \phi_n + X\beta + WX\gamma + \varepsilon \qquad (5-9)$$

方程中，Wy 是被解释变量 y 的空间滞后项，WX 是解释变量的空间滞后项，ϕ_n 为常数项的向量，ε 为残差项，$\varepsilon \sim N(0, \sigma^2 I_n)$。

因此，本部分将影响地区的综合税负的因素引入空间杜宾模型，具体模型如下：

$$
\begin{aligned}
\tau_{it} = &\alpha\phi_{it} + \rho W\tau_{it} + \beta_1 tran_{it} + \beta_2 sca_{it} + \beta_3 age_{it} + \beta_4 den_{it} + \beta_5 sale_{it} \\
&+ \gamma_1 Wtran_{it} + \gamma_2 Wsca_{it} + \gamma_3 Wage_{it} + \gamma_4 Wden_{it} \\
&+ \gamma_5 Wsale_{it} + \varepsilon_{it}
\end{aligned} \qquad (5-10)
$$

其中，τ_{it} 为地区 i 的企业综合税负率，$tran_{it}$ 为中央给地区 i 的均衡性转移支付，sca_{it} 为企业规模，age_{it} 为企业年限，den_{it} 为地区人口密度，$sale_{it}$ 为人均产值，变量的解释意义与上部分相同，此处不再赘述。

在实证方程中，采用直接效应、间接效应和总效应，来反映各个解释变量对被解释变量的影响，这与传统的面板回归中采用回归系数（$\beta_1, \beta_2, \cdots, \beta_5$）来反映的方法不同。式（5-9）可以转化为如下形式：

$$(I_n - \rho W)y = X\beta + WX\gamma + \alpha\phi_n + \varepsilon \qquad (5-11)$$

$$y = \sum_{r=1}^{k} S_r(W)x_r + V(W)\phi_n\alpha + V(W)\varepsilon \qquad (5-12)$$

其中，

$$S_r(W) = V(W)(I_n\beta_r + W\gamma_r), V(W) = (I_n - \rho W)^{-1} = I_n + \rho W + \rho^2 W^2 + \cdots$$

为了对矩阵 $S_r(W)$ 进一步分解显示其作用，在方程中把 $S_r(W)$ 中的第 i 行 j 列元素表示为 $S_r(W)_{ij}$，同样的，把矩阵 $V(W)$ 中的第 i 行表示为 $V(W)_i$，那么式（5–11）可转化为：

$$y_i = \sum_{r=1}^{k} \left[S_r(W)_{i1} x_{1r} + S_r(W)_{i2} x_{2r} + S_r(W)_{in} x_{nr} \right] + \tag{5–13}$$
$$V(W)_i \phi_n \alpha + V(W) \varepsilon$$

从式（5–11）中可以得出：可以将 x_r 第 i 个观测值的变化对被解释变量 y_i 的影响表示为：$\dfrac{\partial y_i}{\partial x_i} = S_r(W)_{it}$，那么，矩阵 $S_r(W)$ 中对角线元素的平均值为 x_r 对本地区 y 造成的平均影响，称之为 x_r 对被解释变量 y_i 的平均直接效应，记为：

$$\overline{M}(R)_{direct} = n^{-1} tr[S_r(W)] \tag{5–14}$$

类似的，矩阵 $S_r(W)$ 中所有元素的平均值为 x_r 对本地区和其他地区的被解释变量 y 的平均影响，称之为 x_r 对被解释变量 y_i 的平均总效应，记为：

$$\overline{M}(R)_{total} = n^{-1} \phi_n' S_r(W) \phi_n \tag{5–15}$$

矩阵 $S_r(W)$ 中所有非对角线元素的平均值为 x_r 对其他地区的被解释变量 y 的平均总影响，称之为 x_r 对被解释变量 y_i 的平均间接效应，用平均总效应与平均直接效应之差来表示：

$$\overline{M}(R)_{indirect} = \overline{M}(R)_{total} - \overline{M}(R)_{direct} \tag{5–16}$$

5.1.3.2 实证结果与分析

由上文分析可知，本书所研究的地区企业综合税负率存在空间上的自相关性，因此选取 $m=5$ 邻接空间加权矩阵，使用马尔科夫链蒙特卡洛方法，基于 2006~2009 年的数据，采用空间杜宾模型对均衡性转移支付对地区间税收竞争的影响进行实证检验。经过 5000 次模拟运算，得到结果如表 5 - 4 所示。

表 5 - 4 　变量的方差分析

变量	异方差		同方差	
	Coefficient	Std Deviation	Coefficient	Std Deviation
$tran_{it}$	- 0.000226	0.000888	- 0.001312	0.001236
sca_{it}	0.005497	0.000954	0.003850	0.001135
age_{it}	0.000088	0.000920	0.001889	0.001103
den_{it}	- 0.048152	0.051586	- 0.064096	0.070116
$sale_{it}$	0.006263	0.003721	0.009834	0.004731
$Wtran_{it}$	- 0.004042	0.001317	- 0.005176	0.001825
$Wsca_{it}$	- 0.005638	0.001482	- 0.003991	0.001899
$Wage_{it}$	- 0.000467	0.001485	- 0.003324	0.001914
$Wden_{it}$	0.018671	0.055821	0.012050	0.076491
$Wsale_{it}$	- 0.006522	0.004685	- 0.010037	0.006011
截距	0.024619	0.009927	0.035516	0.013148
rho	0.650346	0.015469	0.655760	0.016335

　　表 5 - 5 中的直接效应表示均衡性转移支付对本地区企业的综合税负的直接影响，间接效应表示均衡性转移支付通过空间交互作用对相邻地区企业的综合税负的影响。从表 5 - 5 中的结果可以看出，均衡性转移支付的回归结果在同方差、异方差两种估计中的直接效应都不显著，但间接效应都在5%以上的显著性水平上显著，这使得总效应也是显著的，并且系数都为负。这说明：均衡性转移支付对本地区企业的综合税负影响不显著，这与前一部分动态空间工具动态面板模型的结果一致，但通过空间交互作用，会降低相邻地区的企业综合税负，也就是说均衡性转移支付会加剧地区间的税收竞争。

表5-5 空间杜宾模型的估计结果

变量	异方差			同方差		
	直接效应	间接效应	总效应	直接效应	间接效应	总效应
$tran_{it}$	-0.000978	-0.011251***	-0.012229**	-0.002427	-0.016466**	-0.018893**
sca_{it}	0.005128***	-0.005530***	-0.000403	0.003579***	-0.003993**	-0.000414
age_{it}	0.000014	-0.001104**	-0.001090	0.001504**	-0.005682	-0.004178
den_{it}	-0.050432	-0.034058	-0.084490	-0.069646	-0.081883	-0.151529
$sale_{it}$	0.005825	-0.006558**	-0.000733	0.009173**	-0.009767*	-0.000595

注: ***、**、*分别表示在1%、5%、10%的显著性水平上显著。

我们通过均衡性转移支付的税率效应和税基效应（Dahlby & Warren，2003）分析得出其对本地区企业的综合税负影响不显著。我国中央政府每年的均衡性转移支付总规模在既定的情况下，通过核定地方标准财政收支差额来对各个地方政府进行分配，其中标准财政收入等于税基乘以实际平均有效税率。中央对地方的均衡性转移支付资金很大程度上缓解了地方政府的财政压力，地方政府往往会把均衡性转移支付当作征税的替代，通过放松税收征管力度，降低实际有效税率，使得该地区的标准财政收入降低。由上节的动态空间工具变量模型的结果可知，地区间横向税收竞争显著存在，通过空间交互作用，会使相邻地区降低企业综合税负，如果税收竞争充分，地区间流动性生产要素的分布格局将不会改变，各地区的税基分布也不会有明显变化，但由于我国均衡性转移支付是按照一般公式法进行分配的，即：地方标准财政收支缺口×转移支付系数，给定标准财政支出不变，某地区标准财政收入越低，获得的转移支付资金就越多，其中，转移支付系数表示当年某地区获得的均衡性转移支付的实际值占地方标准财政收支缺口总额的比例（2005年等于47.5%）。那么，某地区给定的标准财政支出不变，由于地方标准财政收入减少，标准财政收支缺口总额将增大，然而，由于中央均衡性转移支付总额是既定的，标准财政收支缺口总额的提高将使得转移支付系数降低，这使得地方得到的均衡性转移支付并不会增加，这样一来，地方政府就无法通过自身的税收努力来影响中央政府对本地区的均衡性转移支付资金的分配，地方政府因此失去动力去改变征税行为，因此，均衡性转移支付对本地区的企业综合税负影响不显著。

从企业规模的回归结果可以看出，直接效应、间接效应都在1%的显著性水平上显著，但系数相反，使得总效应不显著，说明企业规模对本地区企业的综合税负有正向影响，规模越大，所承担的税收越多；但对相邻地区的企业综合税负有相对减弱的作用，从而整体上企业规模对企业的综合税负的影响不明确。企业年限在同方差、异方差两种估计中，总效应都不显著，但从直接效应和间接效应系数的正负来看，本地区企业的年限对相邻地区的税率有负向的影响，这是由于：我国税法针对新成立的企业设立一些企业所得税的优惠或减免政策，使得本地区的税收优惠政策会引起相邻地区的政府竞相出台一些优惠政策来吸引外资，从而降低了相邻地区的企业税负，这表明地方政府间存在一定的税收竞争。类似的，企业的销售产值对企业的综合税负整体上的影响也不显著。人口密度在直接效应、间接效应和总效应上的结果都不显著，说明地区的人口密度基本上对企业的税负不会造成影响。

5.1.4 本节小结

本部分分别通过动态空间工具变量模型和空间杜宾模型，对中央均衡性转移支付与当地及相邻地区企业综合税负之间的关系进行实证研究，考察均衡性转移支付对地方政府的收入行为的影响并得出以下结论：现行的均衡性转移支付制度会带来地区间的税收竞争，从短期来看，均衡性转移支付资金一定程度上缓解了地方政府的财政压力，但在现行均衡性转移支付制度缺乏激励机制的背景下，地方政府往往会把其当作征税的替代，会抑制地方的征税努力，降低地方财政积极性，不利于我国财政运行效率的提高。但从长期来看，均衡性转移支付对地方政府的财政收入行为的影响为中性的，仍未产生正向的激励效应。这主要体现在两个方面。

一方面，地方政府对中央均衡性转移支付产生财政依赖，所以不愿意通过加大征税努力提高自身财政能力来满足公共服务的支出，地方政府的财政缺口依靠中央政府的均衡性转移支付来补充，从而影响了公共服务水平的提升。另一方面，在财政分权背景下，地方政府间的财政竞争、支出竞争激烈，而均衡性转移支付是不规定使用用途的转移支付资金，又缺乏有效和完善的监督机制，其预算软约束会使得贫穷地区的地方政府为了弥补投资环境的劣势，将均衡性转移支付资金投入到基础设施上来，较好的基础设施吸引了更多的资本进入，同时，为吸引更多资源的流入竞相降低实际税率，也加剧了地区间的税收竞争。

因此，本书认为均衡性转移支付制度不完善是问题的关键所在，目前均衡性转移支付制度仍保留有旧体制的特征，在制度安排上表现出明显的路径依赖，地方政府在很大程度上强调既得利益，地方政府间存在"只讲竞争，不讲合作"，为了使中央政府的均衡性转移支付能对地方政府收入行为产生正向激励效应，能充分发挥均等化的作用，必须从均衡性转移支付制度层面来反思，提出相应的改革措施。

首先，均衡性转移支付制度是为了平衡地区间的财力、公共服务水平的差异而设计的，为此，制度的设计要考虑激励机制，这种激励机制既可以体现在以标准财政收支为依据的均衡性转移支付的资金分配办法中，也可以在一般公式法的基础上，再设计以地方"财政需求、财政能力、财政努力程度"等为激励指标，按适当权数对均衡性转移支付资金进行分配，激励地方政府增强自身发展能力，提高地方公共服务水平，在公平优先、实现均衡目标的同时，兼顾效率。

其次，为了均衡性转移支付在"效率"和"公平"之间取得平衡，必须要保证地方政府间良性的税收竞争，只有这样才能提高中央政府财政资源在地区间的配置效率，有利于地区间财政竞争外部性的"内部化"。

最后，从上文的研究可以看出，均衡性转移支付与其他转移支付形式一样都会带来横向税收竞争而侵蚀税基，但由于均衡性转移支付是我国唯一按一般公式法分配资金的转移支付方式，所以它产生的税率效应与税基效应相互抵消使其对地方政府的财政收入行为不会带来逆向激励效应，因此也不会使我国陷入"福利陷阱"和"懒惰陷阱"，造成均衡性转移支付的效率损失。因此，未来我们要进一步提高均衡性转移支付占财政转移支付总额以及地方财政总收入的比重，使其成为转移支付的主要形式，这应该是我国财政体制改革的重点之一。

5.2　均衡性转移支付制度与地方政府财政支出行为

均衡性转移支付是以弥补贫困地区的财政资金缺口，实现地区间基本公共服务均等化为政策目标的（楼继伟，2006）。但值得注意的是，各级政府缺乏对资金的有效监督和科学管理，使得在资金的分配和使用过程中出现挤占挪用、虚报冒领、多头分配等现象，某些能为部门带来利益的财政支出领域把本该用于民生方面的财政支出挤占，这导致中央的均衡性转移支付在公共服务均等化、公平的收入分配等方面的政策效果及作用受到影响，因此，有必要就均衡性转移支付对地方政府财政支出结构的影响以及影响机制进行研究，考察均衡性转移支付对地方政府的公共服务类支出是否存在正向激励效应。

已有的有关转移支付对地方政府支出影响的研究基本上是从是否存在"粘蝇纸效应"来讨论的。美国经济学家 Gramlich 和 Galper 在 1973 年对布莱德福德和奥茨所提出的中央对地方的无条件转移支付和等额的地方居民收入增加在经济效应上是等效的这一命题进行实证检验后，发现了"粘蝇纸效应"，也就是"钱粘在它所到达的地方"，即：相比于居民收入，均衡性转移支付对地方政府公共支出增长的刺激作用更强，两者并不等效（胡洪曙，2011）。后来大量的实证研究也证明了这个观点。本节基于全国县级数据，分析随着均

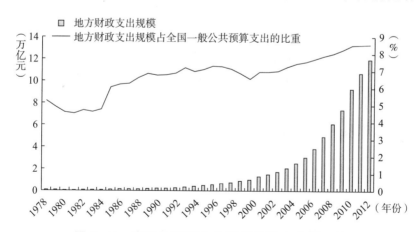

图 5 - 2 我国地方财政支出规模及占全国一般公共预算支出的比重

资料来源：根据《中国统计年鉴》数据整理计算。

衡性转移支付资金规模的不断扩大，地方政府财政支出会如何变化？是否符合中央政府的提高地方民生性基本公共服务水平的政策目标？还是在财力充足后，对地方公共支出结构进行了调整，使之偏离公共服务均等化目标？并进一步分析这种影响是通过怎样的机制来传导的。

近年来随着我国转移支付制度改革的不断深入，国家对均衡性转移支付的重视程度越来越高。2014 年国务院下发的《关于深化预算管理制度改革的决定》中对一般性转移支付的占比做出了规定。文件首次提出逐步将一般性转移支付占比提高到 60% 以上，改变均衡性转移支付与所得税增量挂钩的方式，确保均衡性转移支付增幅高于转移支付总体增幅。[①] 财政部公布的数据显示，近年来均衡性转移支付占财政转移支付的比例逐年上升。均衡性转移支付资金由 1995 年的 20.7 亿元增长到 2014 年的 10803.81 亿元[②]。我国地方财政支出规模占全国一般公共预算支出的比重也不断增长（见图 5 - 2）。那么，这些增加的均衡性转移支付资金究竟被地方政府用于哪类支出？是否按照中央政府的政策意图使用在基本公共服务领域？对于我国这样一个转型阶段的发展中国家而言，在以财政分权为特征的财政体制与以经济绩效为官员的考核晋升指标下，均衡性转移支付是否会带来地方财政支出结构的异化，下面我们采用实证方法来研究这个问题。

5.2.1 数据说明与模型设定

本书基于 2005～2007 年全国 321 个县级的数据进行实证分析，数据来源于《全国地市县财政统计资料》、《中国区域经济统计年

---

① 详见国务院 2014 年《关于深化预算管理制度改革的决定》。
② 数据由历年《中国统计年鉴》整理计算而得。

鉴》及《中国县市社会经济统计年鉴》。由于我国于 2007 年经历了
政府收支科目分类改革，按照功能和经济性质对财政支出进行分类，
因此，为了便于接下来对地方财政支出结构的数据进行整理和分析，
我们需要把 2007 年改革前后的数据整理成统计口径大体一致的财政
支出分类数据。本书通过对改革前后支出科目衔接办法的研究，明
确了地方各类财政支出的分类和统计口径，借鉴韩冰（2014）的做
法将统计资料里我国公共支出类别划分成以下四种财政支出类型：
行政管理类支出、文教科卫类支出、经济服务类支出、社会保障类
支出，将 2005 年、2006 年、2007 年的新旧不同科目数据进行归类，
归类结果如表 5 - 6 所示。

表 5 - 6　2005 ~ 2007 年各类财政支出所含支出科目对照

支出分类	2005 年	2006 年	2007 年
行政管理类支出	行政管理费支出、公检法司支出	行政管理费支出、公检法司支出	一般公共服务支出、国防支出、公共安全支出、外交支出
文教科卫类支出	教育支出、科学支出、医疗卫生支出	教育支出、科学支出、医疗卫生支出	教育支出、科学技术支出、文化体育与传媒支出、医疗卫生支出
经济服务类支出	基本建设支出、农业支出、林业支出、水利和气象支出	基本建设支出、农业支出、林业支出、水利和气象支出	环境保护支出、城乡社区事务支出、农林水事务支出、交通运输支出、工业商业金融等事务支出
社会保障类支出	社会保障补助支出	社会保障补助支出	社会保障与就业支出

资料来源：根据历年《全国各县市财政统计资料》整理。

　　为分析中央均衡性转移支付对地方财政支出结构的影响，建立
如下面板数据模型：

$$Spendtype_{it} = \alpha + \beta_1 GenTran_{it} + \beta_2 Tran_{it} + \beta_3 Rev_{it} + \gamma X_{it} + \varepsilon_{it} \qquad (5-17)$$

Spendtype 表示表 5 – 6 里显示的公共部门的各类财政支出，以各类财政支出的年人均值表示。主要解释变量有地方均衡性转移支付占比（*GenTran*）和该地区预算收入（*Rev*），分别用中央对该地区的均衡性转移支付与地方本级财政收入的比值和人均一般预算收入表示，以此反映均衡性转移支付的规模比例和地方财政状况。*X* 表示控制变量，包括人口密度、经济发展水平（人均地区生产总值）、自然禀赋（人均耕地面积）、职工人数占比（年末职工人数占总人口的比例），以此来衡量地区城镇职工平均工资、固定资产投资变量等，其中以全社会固定资产投资占地区生产总值的比重来表示固定资产投资变量。α 为常数项，ε 为随机扰动项，*i* 表示地区，*t* 表示年份。此外，本节对所有变量均取对数，并对各面板数据模型进行单位根检验以及协整检验来避免伪回归，检验结果显示，各类财政支出模型都通过单位根检验，为一阶单整。

5.2.1.1 数据描述

本书模型中各变量的统计特征如表 5 – 7 所示。为了缓解异方差和无量纲化，我们对"人均 GDP"及"人均耕地面积"这两个变量取对数。

表 5 – 7 变量的描述性统计

变量名称		观测值	均值	标准差	最小值	最大值
被解释变量（各类财政支出）	人均行政管理类支出	963	0.0268151	0.0255217	0.0047	0.2853
	人均文教科卫类支出	963	0.0345476	0.0233018	0.0088	0.2227
	人均经济服务类支出	963	0.0251639	0.0336729	0.0018	0.4451
	人均社会保障类支出	963	0.0081553	0.0112433	0.0001	0.1516

变量名称		观测值	均值	标准差	最小值	最大值
核心解释变量	均衡性转移支付占比	963	0.0123537	0.0118184	0.0001	0.1369
	人均一般预算收入	963	0.0544002	0.0672343	0.0037	0.8064
控制变量	人口密度	963	0.0428	0.0264	0.0001	0.1394
	人均耕地面积	963	0.0871	0.0928	0.0010	0.9105
	人均 GDP	963	1.3441	1.0588	0.2700	10.5113
	固定资产投资占比	963	0.4850	0.3160	0.0146	5.9549
	平均工资	963	1.5301	0.6323	0.1692	4.1538
	职工人数占比	963	0.5386	0.0845	0.1735	0.9976

5.2.1.2 模型设定

根据上文的"粘蝇纸效应"的理论分析，模型（5-17）中的均衡性转移支付占比 Tran、人均预算收入 Rev 两个变量的回归系数应该均为正数。而又因为均衡性转移支付是为了提高贫困地区的公共服务水平，因此，经济欠发达地区通常会得到更多的中央均衡性转移支付补助，这表明均衡性转移支付与人均预算收入对地区财政支出的影响存在着交互性关系（付文林，2012）。为此，我们在模型（5-17）的基础上加入 Tran 和 Rev 两个变量的交互乘积项，来考察可能呈现的此消彼长的关系，得到模型（5-18），依照上述分析，预测该交互项的回归系数为负数。

$$Spendtype_{it} = \alpha + \beta_1 + \beta_2 Tran_{it} + \beta_3 Rev_{it} + \beta_4 Tran_{it} \times Rev_{it} + \gamma X_{it} + \varepsilon_{it} \qquad (5-18)$$

基于以上数据，本节以模型（5-17）、（5-18）为基本依据，对是否考虑均衡性转移支付与人均预算收入的交互项两种情形分别进行回归分析。实证过程中依次采用了混合最小二乘估计法（POLS）、固定效应估计法（FE）和随机效应估计法（RE）来考察均衡性转移支付对地方财政支出的影响，全部回归结果如表5－8所示。模型（5－17）和模型（5－18）的回归结果显示，普通标准误下固定效应的 F 统计量分别为5.24和2.84，二者均通过了1%的显著性水平检验，表明采用固定效应回归优于混合效应回归；包含和不包含交互项两种情形下的 Hausman 检验均在1%的显著性水平上拒绝原假设，表明在固定效应和随机效应之间应选择固定效应回归。

5.2.2　估计结果与分析

从表5－8的回归结果看，模型中的均衡性转移支付及地方人均一般预算收入这两个核心解释变量与各类财政支出明显正相关，并一直在1%的显著性水平上显著。这表明，在其他条件一定的情况下，均衡性转移支付规模的扩大会带来各类地方财政支出水平的上升，并且影响程度较高，也就是说，均衡性转移支付会造成地方财政支出的"粘蝇纸效应"。分别对四类公共财政支出类别进行比较发现：首先是经济服务类支出的回归系数比其他三类财政支出的系数要略高一些，这说明地方政府在获得中央的均衡性转移支付资金后，在公共服务的供给上并非围绕着中央政府的政策目标，而且会优先用于经济建设支出，这与以往的研究结果一致（尹恒，2011；付文林，2012）。其次是社会保障类支出和文教科卫类支出，其系数与经济服务类支出相差不大，这表明目前我国均衡性转移支付虽然存在着软预算约束问题，但因为均衡性转移支付是以基本公共服务均等化为目标的，都重点向教育、医疗卫生、社会保障等民生类支出领域倾斜。所以我们把均衡性转移支付从我国财政转移支付中剥离出来研究发现，在财力紧张状况缓解后，地方会努力提高本地区的民生性基本公共服务水平，而不是一味地用于经济建设性支出、政府

表 5 - 8 均衡性转移支付与地方支出结构回归结果

VARIABLES	模型 (5-17)					模型 (5-18)		
	fe_1 人均行政管理类支出	fe_2 人均文教科卫类支出	fe_3 人均经济服务类支出	fe_4 人均社会保障类支出	fe_5 人均行政管理类支出	fe_6 人均文教科卫类支出	fe_7 人均经济服务类支出	fe_8 人均社会保障类支出
均衡性转移支付	0.0036*** (4.13)	0.0045*** (5.75)	0.0049*** (4.88)	0.0054*** (3.81)	0.0039*** (4.85)	0.0041*** (4.56)	0.0048*** (3.15)	0.0043*** (3.37)
交叉项					-1.0393 (-0.88)	1.1787 (0.65)	0.3132 (0.08)	2.9655 (1.41)
人均一般预算收入	0.3612*** (4.52)	0.4218*** (4.94)	0.5878*** (4.44)	0.1843** (2.13)	0.3838*** (4.50)	0.3961*** (4.40)	0.5809*** (3.48)	0.1198 (1.33)
人口密度	0.4040 (1.45)	1.1044*** (3.11)	0.2220 (0.45)	0.7628** (2.48)	0.3689 (1.26)	1.1443*** (3.23)	0.2326 (0.44)	0.8629*** (2.89)
人均耕地面积	-0.0380 (-0.42)	-0.0064 (-0.14)	0.0456 (1.12)	-0.0708 (-0.61)	-0.0440 (-0.47)	0.0004 (0.01)	0.0474 (0.98)	-0.0538 (-0.58)
人均GDP	0.0060 (1.15)	0.0112* (1.93)	0.0160 (1.62)	0.0080 (1.25)	0.0060 (1.14)	0.0112** (1.97)	0.0160 (1.63)	0.0078 (1.28)
固定资产投资总额占比	0.0073** (2.49)	0.0092*** (2.66)	0.0086 (1.45)	0.0048* (1.82)	0.0076** (2.49)	0.0089*** (2.64)	0.0085 (1.43)	0.0039* (1.79)
职工平均工资	0.0074*** (4.00)	0.0080*** (3.67)	0.0068** (2.07)	0.0054** (2.32)	0.0072*** (3.88)	0.0082*** (3.74)	0.0069** (2.18)	0.0059*** (2.59)

续表

VARIABLES	模型（5-17）				模型（5-18）			
	fe_1	fe_2	fe_3	fe_4	fe_5	fe_6	fe_7	fe_8
	人均行政管理类支出	人均文教科卫类支出	人均经济服务类支出	人均社会保障类支出	人均行政管理类支出	人均文教科卫类支出	人均经济服务类支出	人均社会保障类支出
职工人数占比	-0.0108* (-1.41)	-0.0291*** (-3.00)	-0.0393*** (-2.79)	-0.0364*** (-3.35)	-0.0132* (-1.68)	-0.0264*** (-2.89)	-0.0386** (-2.36)	-0.0297*** (-3.08)
Constant	-0.0258* (-1.67)	-0.0537*** (-3.23)	-0.0380* (-1.72)	-0.0329* (-1.76)	-0.0232 (-1.44)	-0.0566*** (-3.54)	-0.0387 (-1.50)	-0.0402** (-2.59)
F test	5.24***	5.41***	4.97***	2.08***	2.84***	3.77***	3.86***	1.92***
Hausman test	97.51***	307.55***	296.13***	299.28***	239.16***	317.04***	313.75***	311.35***
Observations	963	963	963	963	963	963	963	963
R-squared	0.5249	0.7384	0.6734	0.5012	0.5276	0.7412	0.6735	0.5385
Number of county	321	321	321	321	321	321	321	321

注：（1）***、**、*分别表示在1%、5%、10%的显著性水平上显著；（2）括号中数据为t值。

消费性支出等，这个与以往不同的发现表明，均衡性转移支付会比其他形式的转移支付（如专项转移支付）更有利于地方公共服务水平的提高，有助于达到中央政府的政策目标，所以，我国进一步加大均衡性转移支付比例是优化转移支付结构的主要方向。

从以上两个模型的回归结果中可以发现均衡性转移支付对"行政管理类支出"的促进作用最小，这是由于支出责任越倾向于地方政府，地方政府越倾向于节约行政开支（黄国平，2013），而本书选择的是县级数据，基本公共服务的支出责任主要在县级政府，所以与地方政府自有财政收入相比，中央对地方的均衡性转移支付资金用于行政管理类支出的比例较小一些。这个实证结果与 Oates（1985）认为的随着转移支付资金规模的增大，地方政府支出规模也增大的观点相反，而与周业安（2000）及李婉（2007）的研究结论基本一致。

地方人均一般预算收入在回归结果中显著为正，并且经济服务类支出系数最大，这表明自有收入越高的地区，各类财政支出的人均量就越高，这在一定程度上体现了财政分权体制下地方财政能力所存在的差异；并且地方自有财政收入越多的地区，其人均基本建设支出会增加越多，这说明，地方政府存在富余的财力时，倾向于将其用于短期生产性投资，这可能是受政治博弈和任期周期的影响。

交叉项的回归系数在行政管理支出模型中为所预期的负数，不过在所有的回归模型中都不显著。根据表 5-8 中从四个加入交互项的模型的回归结果中可知：当经济欠发达地区的均衡性转移支付资金增加后，在科教文卫、社会保障方面的支出会大幅度增加，其刺激作用大于经济服务类支出。从两个模型的横向比较来看，均衡性转移支付制度下，在我国积极推进民生建设的过程中，经济欠发达地区，在民生支出上提高的幅度更大，而那些经济发达地区更偏向于增加消费性财政支出。这说明当财力未达到一定水平之前，均衡性转移支付资金会按照公共服务均等化目标进行分配，当财力相对丰裕了，地方官员倾向于将额外的财力用于机构运转和人员经费及自身偏好的项目。这与发达地区争取全国经济社会相对地位的积极性有关，也侧面说明了目前我国地方公共预算的监督体制还很不健全，可能存在更严重的攀比现象。

控制变量中，人口密度的回归系数显著为正，这可能是由于随着人口密度的加大，规模经济一方面会带来公共服务的供给成本的降低；另一方面人口密集会带来更高的拥挤成本以及维护成本，这一点在经济服务类支出上表现得尤为明显。职工人数占比这个指标除了对行政管理类支出影响不显著外，其他都显著为负向影响，可能是就业人口聚集的地区在教育、医疗等公共服务的供给方面一定程度上会产生集聚经济效应或者规模经济效应。职工平均工资对各类支出有显著的正向作用，这是因为职工人均工资越高，必然会造成单位公共品供给成本增加越大，也就是说这些地方的人均财政支出水平的提高是由公共服务供给成本增加带来的（付文林，2012）。

回归结果中发现地方人均 GDP 在两个模型中都只对文教科卫类支出影响显著，其他方面的支出都不显著，这说明经济发展水平不是影响地方财政支出结构的关键变量，这与以往基于中国面板数据的研究结果不一致，但与 Mauro（1998）对跨国研究的结果一致。这种影响可能是在均衡性转移支付的政策目标下，地方政府有"普及九年义务教育"的硬性指标及基础医疗服务水平考核达标的压力，使得地方政府这类财政支出必不可少。而对其他支出的影响则具有相机抉择性，当经济水平发展到一定阶段，其财政能力可以满足基本民生服务的公共支出需求时，地方政府会把边际上增加的均衡性转移支付收入以更大的比例投向经济类和行政管理类支出。

更为重要的是，本节认为，人均 GDP 对各类地方财政支出的影响可能是非线性的。在经济发展较为落后的地区，地方政府将会随着人均 GDP 的提高而增加某类财政支出的比重，同时减少其他支出比重；而当经济发展水平超过某个临界值后，随着人均 GDP 的增加又会增加另一类财政支出的比重。值得注意的是，地方政府财政支出结构除了与经济发展水平不同阶段影响不同之外，还可能存在另一个现象：地方政府在支出结构上的非民生性支出偏好不仅不会随着经济水平的提高而自然地得到改变，还可能进一步激化。为此，我们进一步对这个问题进行非线性估计。

5.2.3   均衡性转移支付对地方财政支出结构影响的非线性估计

在前文的实证及结果分析的基础上，这部分运用 Hansen（1999）提出的面板门槛模型（panel threshold model），考察不同经济发展水平下均衡性转移支付对地方财政支出结构的非线性影响。在实证分析中，采用对数据进行自动识别的方法，来确定门槛变量人均 GDP 的门槛值，表明经济发展水平处于门槛值的前后，均衡性转移支付对地方财政支出的影响将存在显著不同，然后再进一步进行分段分别估计。为此，本部分建立面板门槛模型（吴俊培，2015）如下所示。

$$Spendtype_{it} = \alpha_1 tran_{it}I(Ln\_pergdp < \gamma_1) + \alpha_2 tran_{it}I(\gamma_1 \leq Ln\_pergdp < \gamma_2)$$
$$+ \cdots + \alpha_{n+1} tran_{it}I(Ln\_pergdp \geq \gamma_n) + \sum_{m=2}^{M}\alpha_m X_{it} + \varepsilon_{it} \qquad (5-19)$$

$$Spendtype_{it} = \alpha_1 tran_{it} \times Rev_{it}I(Ln\_pergdp < \gamma_1) + \alpha_2 tran_{it} \times Rev_{it}I(\gamma_1 \leq$$
$$Ln\_pergdp < \gamma_2) + \cdots + \alpha_{n+1} tran_{it} \times Rev_{it}I(Ln\_pergdp \geq \gamma_n) + \sum_{m=2}^{M}\alpha_m X_{it} + \varepsilon_{it}$$
$$(5-20)$$

模型（5-20）中，$Spendtype_{it}$ 表示第 i 个省份第 t 年的人均某类财政支出；γ_n 表示待估计的门槛值；指标 Rev_{it} 为第 i 个省份第 t 年人均一般预算收入，指标 $tran \times Rev$ 为交叉项，I 为示性函数，X_{it} 是上文所述的控制变量，主要包括：人口密度、固定资产投资总额占比、职工人数占比、职工平均工资等；ε_{it} 为随个体与时间而改变的随机扰动项。

5.2.3.1 门槛效应检验

按照面板门槛模型的方法，首先对四类支出、两种自变量的八个方程（模型）的门槛效应进行检验，以确定回归方程（模型）中的门槛值个数。模型（5-19）被解释变量是地方政府行政管理类支出，解释变量为均衡性转移支付占比；模型（5-20）解释变量换为均衡性转移支付占比与人均一般预算收入交叉项；模型（5-21）被解释变量是科教文卫类支出，解释变量为均衡性转移支付占比；模型（5-22）解释变量为交叉项；模型（5-23）被解释变量为经济服务类支出，解释变量为均衡性转移支付占比；模型（5-24）解释变量为交叉项；模型（5-25）被解释变量是社会保障类支出，解释变量为均衡性转移支付占比；模型（5-26）解释变量为交叉项；表5-9的结果显示，八个模型［模型（5-21）～模型（5-26）略］单一门槛检验在1%的显著水平上拒绝原假设，而且双重门槛效应、三重门槛效应检验都至少是在5%的显著水平上拒绝原假设，即存在三重门槛效应。

表5-9　门槛估计值

被解释变量	自变量	模型	门槛值	F 值
行政管理类支出	均衡性转移支付占比	单一门槛	2.409	49.242***
		双重门槛	3.078	23.304**
		三重门槛	1.562	9.939*
	交叉项	单一门槛	3.078	21.465***
		双重门槛	3.762	12.591***
		三重门槛	2.409	13.159**

被解释变量	自变量	模型	门槛值	F 值
科教文卫类支出	均衡性转移支付占比	单一门槛	0.731	97.430 ***
		双重门槛	3.463	27.596 ***
		三重门槛	0.83	26.548 ***
	交叉项	单一门槛	1.068	40.780 ***
		双重门槛	3.463	16.329 **
		三重门槛	1.115	7.082 **
经济服务类支出	均衡性转移支付占比	单一门槛	3.428	53.370 ***
		双重门槛	2.068	13.204 **
		三重门槛	1.437	12.502 **
	交叉项	单一门槛	3.387	125.242 ***
		双重门槛	1.941	44.938 ***
		三重门槛	1.068	21.754 ***
社会保障类支出	均衡性转移支付占比	单一门槛	2.954	145.823 ***
		双重门槛	0.855	46.424 ***
		三重门槛	0.633	34.854 ***
	交叉项	单一门槛	1.742	11.948 **
		双重门槛	3.712	83.047 ***
		三重门槛	1.068	19.692 **

注：（1）自举（Bootstrap）抽样次数设定为 500 次；（2）***、**、* 分别表示在 1%、5%、10% 的显著性水平上显著。

为了较为清晰地看出门槛值的估计及置信区间的构造过程，我们生成模型（5-19）、模型（5-20）在门槛效应的直观结果的似然比函数，如图 5-4 所示，把人均 GDP 作为门槛变量的地方政府各类支出与均衡性转移支付的门槛效应均显著存在，并且都存在显著的三重门槛效应，我们接下来在识别这些门槛值的基础上进行计量参数估计。

5.2.3.2 门槛模型估计

本部分在前文对门槛值测度的基础上，将均衡性转移支付占比和交叉项分别作为解释变量，对均衡性转移支付对地方财政支出的影响机制进行进一步检验，即模型（5-19）、模型（5-20）。同时对上述方程进行回归分析时先采用固定效应模型（FE），但为了保证估计结果更有效、更可靠，我们要对参数估计的有效性进行对比分析，为此采用稳健性标准误下的固定效应模型（FE_Robust）来做进一步的分析（吴俊培，2015）。

如表5-10和表5-11所示，模型均以地区人均GDP为门槛变量，由于地方政府四类支出的单一门槛效应检验都在1%的显著性水平上显著，因此初步判定存在门槛效应；在确定存在单一门槛的基础上继续搜索双重门槛值，得到其双重门槛效应、三重门槛效应仍至少在5%的显著水平上拒绝原假设，因此本部分我们重点关注三重门槛模型的回归结果分析，其中（A）组为均衡性转移支付占比的直接影响效应，（B）组为均衡性转移支付占比与地方一般预算收入的交叉项的影响效应，交叉项这个指标是衡量在均衡性转移支付的均等化目标下，地方政府自有财政能力与均衡性转移支付规模的"此消彼长"的关系，用于考察我国均衡性转移支付资金是否倾向拨付给贫困地区。在三重门槛效应检验中，（A）组结果显示均衡性转移支付对地方政府的四类财政支出至少在5%的显著水平上呈现正向的影响，这与我们的预期一致。在门槛值将地方经济发展水平划分在不同区间的回归结果中我们发现，对四类财政支出的影响显著不同：在行政管理类支出中，当地区经济水平小于第三个门槛值3.078万元之前，均衡性转移支付对地方政府的支出都产生正向的影响，并且一直在5%以上的显著性水平上显著；科教文卫类支出的回归结果显示，在任何经济发展水平下，均衡性转移支付的增加对科教文

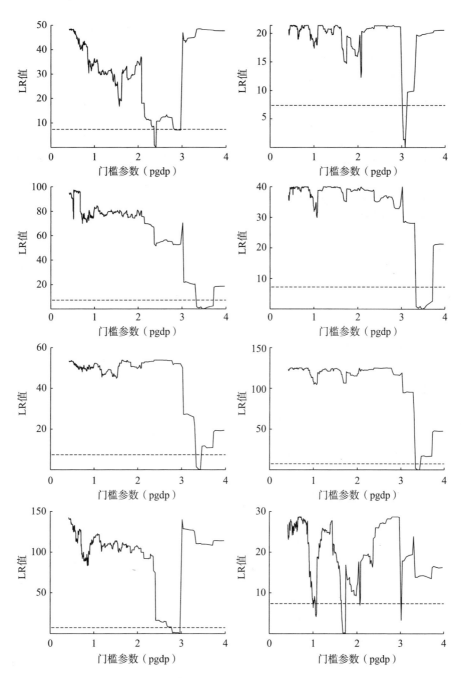

图 5-3 地方政府各类支出与均衡性转移支付占比的门槛效应

表 5 – 10　门槛模型 FE 估计结果

支出类型	模型类型	自变量	PCDP≤γ_1	PCDP>γ_1	PCDP≤γ_1	γ_1<PCDP≤γ_2	PCDP>γ_2	PCDP≤γ_1	γ_1<PCDP≤γ_2	γ_2<PCDP≤γ_3	PCDP>γ_3	人均一般预算收入	人口密度	人均耕地面积	固定资产投资总额占比	职工平均工资	职工人数占比	常数	组内 R^2	F值
行政管理类支出	单一门槛模型	(A)	0.0034*** (2.75)	0.0392*** (6.18)								0.430*** (19.07)	0.582 (1.13)	0.0183 (0.42)	0.0050** (2.49)	0.0081*** (5.23)	-0.0094 (-0.71)	-0.0350 (-1.45)	0.539	92.74
		(B)	1.970** (2.19)	-1.131** (-2.04)								0.463*** (17.90)	0.385 (0.73)	-0.0393 (-0.90)	0.0063*** (3.08)	0.0079*** (5.00)	-0.0142 (-1.04)	-0.0196 (-0.80)	0.521	86.05
	双重门槛模型	(A)	0.00339*** (2.78)		0.0465*** (7.10)	-0.0157 (-1.02)						0.441*** (19.61)	0.554 (1.09)	0.0338 (0.78)	0.0054*** (2.71)	0.0079*** (5.17)	-0.0096 (-0.73)	-0.0355 (-1.48)	0.550	85.95
		(B)	1.630* (1.81)		-2.708*** (-3.48)	-0.733 (-1.29)						0.466*** (18.10)	0.375 (0.72)	-0.0420 (-0.97)	0.0063*** (3.12)	0.0080*** (5.11)	-0.0154 (-1.14)	-0.0185 (-0.75)	0.527	78.28
	三重门槛模型	(A)					0.0031** (2.50)	0.0157*** (3.17)	0.0525*** (7.58)	-0.0096 (-0.61)		0.442*** (19.74)	0.537 (1.06)	0.0314 (0.73)	0.0054*** (2.70)	0.0076*** (4.95)	-0.0088 (-0.67)	-0.0346 (-1.45)	0.555	78.69
		(B)					-0.338 (-0.30)	3.122*** (3.02)	-2.821*** (-3.64)	-0.686 (-1.21)		0.4610*** (17.95)	0.465 (0.89)	-0.0225 (-0.52)	0.0062*** (3.09)	0.0083*** (5.31)	-0.0146 (-1.08)	-0.0239 (-0.98)	0.533	72.12
科教文卫类支出	单一门槛模型	(A)	0.0050*** (4.89)	0.107*** (8.31)								0.5540*** (29.38)	1.312*** (3.06)	-0.0136 (-0.38)	0.0069*** (4.17)	0.0098*** (7.64)	-0.0321*** (-2.90)	-0.0547** (-2.73)	0.738	223.6
		(B)	-0.546 (-0.89)	2.081*** (4.42)								0.522*** (23.89)	1.455*** (3.27)	-0.0326 (-0.89)	0.0077*** (4.48)	0.0109*** (8.13)	-0.0330*** (-2.86)	-0.0559** (-2.68)	0.718	202.3
	双重门槛模型	(A)	0.0036*** (3.35)		0.0084*** (6.45)	0.110*** (8.67)						0.555*** (29.8)	1.146*** (2.70)	-0.0198 (-0.57)	0.0067*** (4.06)	0.0093*** (7.23)	-0.0323*** (-2.96)	-0.0463** (-2.32)	0.745	205.6
		(B)	5.106*** (2.78)		-0.907 (-1.46)	1.918*** (4.08)						0.526*** (24.20)	1.347*** (3.05)	-0.0350 (-0.96)	0.0075*** (4.36)	0.0107*** (8.05)	-0.0324*** (-2.83)	-0.0521** (-2.52)	0.723	183.7

支出类型	模型	自变量	PCDP≤γ_1	PCDP>γ_1	PCDP≤γ_1	γ_1<PCDP≤γ_2	PCDP>γ_2	PCDP≤γ_1	γ_1<PCDP≤γ_2	γ_2<PCDP≤γ_3	PCDP>γ_3	人均一般预算收入	人口密度	人均耕地面积	固定资产投资总额占比	职工平均工资	职工人数占比	常数	组内R^2	F值
科教文卫类支出	三重门槛模型	(A)	0.0033*** (3.12)							0.0063*** (3.98)	0.0098*** (6.82)	0.112*** (8.80)	0.556*** (29.96)	1.160*** (2.74)	-0.0215 (-0.62)	0.0066*** (4.03)	0.0088*** (6.85)	-0.0340*** (-3.12)	-0.0453** (-2.28)	0.747	186.8
		(B)									4.755*** (2.59)	-7.165** (-2.39)	-0.860 (-1.39)	-0.0346 (-0.96)	0.0076*** (4.45)	0.0107*** (8.07)	-0.0326** (-2.86)	-0.0520** (-2.52)	0.725	166.7
经济服务类支出	单一门槛模型	(A)		-0.0120 (-1.07)								0.811*** (26.84)	0.451 (0.65)	0.0247 (0.42)	0.0074*** (2.75)	0.0090*** (4.34)	-0.0446** (-2.50)	-0.0367 (-1.13)	0.647	145.4
		(B)		0.557 (0.76)								0.788*** (22.92)	0.466 (0.67)	0.0228 (0.40)	0.0061** (2.26)	0.0093*** (4.39)	-0.0436** (-2.41)	-0.0346 (-1.06)	0.641	141.5
	双重门槛模型	(A)			0.0059*** (3.71)	-0.0268** (-2.42)	0.105*** (4.97)					0.786*** (26.63)	0.551 (0.82)	0.0002 (0.00)	0.0063** (2.42)	0.0093*** (4.62)	-0.0446** (-2.58)	-0.0377 (-1.20)	0.669	142.2
		(B)			1.174 (0.84)	-6.534*** (-6.88)	1.540** (2.23)					0.773*** (24.26)	0.635 (0.99)	-0.0302 (-0.57)	0.0068** (2.72)	0.0103*** (5.29)	-0.0501*** (-3.01)	-0.0332 (-1.10)	0.696	160.7
	三重门槛模型	(A)	0.0051*** (3.17)							0.0173*** (4.06)	-0.0225** (-2.02)	0.110*** (5.22)	0.787*** (26.78)	0.570 (0.86)	0.0029 (0.05)	0.0062** (2.38)	0.0087*** (4.34)	-0.0439** (-2.55)	-0.0381 (-1.22)	0.673	130.2
		(B)	10.03*** (3.72)							-0.453 (-0.31)	-6.859*** (-7.27)	1.361** (1.99)	0.776*** (24.60)	0.475 (0.74)	-0.0316 (-0.60)	0.0065** (2.61)	0.0101*** (5.27)	-0.0491** (-2.97)	-0.0277 (-0.93)	0.702	149.2
社会保障类支出	单一门槛模型	(A)	0.0053*** (5.59)	0.0506*** (10.85)								0.273*** (15.80)	0.981** (2.50)	0.0408 (1.19)	0.0018 (1.16)	0.0068*** (5.73)	-0.0351*** (-3.46)	-0.0477** (-2.58)	0.543	94.24
		(B)	5.550*** (6.16)	3.038*** (6.94)								0.220*** (10.81)	0.962** (2.34)	-0.0734** (-2.17)	0.0024 (1.49)	0.0073*** (5.93)	-0.0315*** (-2.96)	-0.0366* (-1.90)	0.501	79.43

支出类型	模型	自变量	PGDP≤γ₁	PGDP>γ₁	PGDP≤γ₁	γ₁<PGDP≤γ₂	PGDP>γ₂	PGDP≤γ₁	γ₁<PGDP≤γ₂	γ₂<PGDP≤γ₃	PGDP>γ₃	人均一般预算收入	人口密度	人均耕地面积	固定资产投资总额占比	职工平均工资	职工人数占比	常数	组内R²	F值
社会保障类支出	双重门槛模型	(A)			0.0039***(4.19)	0.0112***(7.94)	0.0539***(11.73)					0.276***(16.35)	0.964**(2.51)	0.0321(0.96)	0.0018(1.21)	0.0058(4.94)	-0.0306***(-3.07)	-0.0477***(-2.65)	0.564	91.15
		(B)			4.822***(5.31)	1.320**(2.18)	3.314***(7.57)					0.215***(10.72)	0.995**(2.44)	-0.0871***(-2.59)	0.0026(1.62)	0.0077***(6.29)	-0.0331***(-3.14)	-0.0359*(-1.88)	0.513	74.17
	三重门槛模型	(A)						-0.0012(-0.82)	0.0040***(4.30)	0.0112***(8.11)	0.0535***(11.84)	0.275***(16.60)	0.869**(2.30)	0.0154(0.46)	0.0015(0.99)	0.0052***(4.52)	-0.0273***(-2.78)	-0.0418**(-2.35)	0.580	87.16
		(B)						10.20***(5.98)	3.757***(3.98)	1.128*(1.88)	3.214***(7.40)	0.217***(10.92)	0.901**(2.23)	-0.0880**(-2.65)	0.024(1.53)	0.0075***(6.23)	-0.0327***(-3.13)	-0.0326*(-1.73)	0.524	69.48

注：（1）***、**、* 分别表示在1%、5%和10%的显著性水平上显著；（2）括号中为 t 值。

表5-11 门槛模型估计结果 FE_rubost

支出类型	模型	自变量	PGDP≤γ₁	PGDP>γ₁	PGDP≤γ₁	γ₁<PGDP≤γ₂	PGDP>γ₂	PGDP≤γ₁	γ₁<PGDP≤γ₂	γ₂<PGDP≤γ₃	PGDP>γ₃	人均一般预算收入	人口密度	人均耕地面积	固定资产投资总额占比	职工平均工资	职工人数占比	常数	组内R²	F值
行政管理类支出	单一门槛模型	(A)	0.0034***(5.04)	0.0392***(3.29)								0.430***(13.70)	0.582**(2.01)	0.0183(0.59)	0.0050*(1.84)	0.0081***(4.75)	-0.0094(-1.37)	-0.0350***(-2.88)	0.539	95.25
		(B)	1.970(0.99)	-1.131(-0.99)								0.463***(10.31)	0.385(1.28)	-0.0393(-0.54)	0.0063**(1.99)	0.0079***(4.47)	-0.0142*(-1.71)	-0.0196(-1.23)	0.521	85.88

续表

支出类型	模型	自变量	PGDP≤γ_1	PGDP>γ_1	γ_1<PGDP≤γ_2 γ_2	PGDP>γ_2	PGDP≤γ_1	γ_1<PGDP≤γ_2 γ_2	γ_2<PGDP≤γ_3 γ_3	PGDP>γ_3	人均一般预算收入	人口密度	人均耕地面积	固定资产投资总额占比	职工平均工资	职工人数占比	常数	组内R^2	F值
行政管理类支出	双重门槛模型	(A)	0.0034*** (5.02)		0.0465*** (6.74)	-0.0157 (-0.54)					0.441*** (14.12)	0.554** (1.97)	0.0338 (1.08)	0.0054* (1.77)	0.0079*** (4.74)	-0.0096 (-1.39)	-0.0355*** (-3.00)	0.550	87.25
		(B)	1.630 (0.78)		-2.708 (-1.45)	-0.733 (-0.57)					0.466*** (9.90)	0.375 (1.24)	-0.0420 (-0.56)	0.0063* (1.86)	0.0080*** (4.46)	-0.0154* (-1.84)	-0.0185 (-1.15)	0.527	83.74
	三重门槛模型	(A)					0.0031** (2.50)	0.157*** (3.17)	0.0525*** (7.58)	-0.0096 (-0.61)	0.442*** (19.74)	0.537 (1.06)	0.0314 (0.73)	0.0054*** (2.70)	0.0076*** (4.95)	-0.0088 (-0.67)	-0.0346 (-1.45)	0.555	78.69
		(B)					-0.338 (-0.19)	3.122 (1.14)	-2.821* (-1.66)	-0.686 (-0.53)	0.461*** (9.54)	0.465 (1.53)	-0.0225 (-0.44)	0.0062* (1.93)	0.0083*** (4.48)	-0.0146* (-1.82)	-0.0239* (-1.69)	0.533	73.78
科教文卫类支出	单一门槛模型	(A)	0.0050*** (6.03)	0.107** (2.40)							0.554*** (15.44)	1.312*** (3.39)	-0.0136 (-0.26)	0.0069*** (2.24)	0.0098*** (4.58)	-0.0321*** (-3.32)	-0.0547*** (-2.99)	0.738	128.2
		(B)	-0.546 (-0.28)	2.081 (0.86)							0.522*** (9.63)	1.455*** (3.40)	-0.0326 (-0.55)	0.0077** (2.37)	0.0109*** (4.69)	-0.0330*** (-3.35)	-0.0559*** (-2.83)	0.718	134
	双重门槛模型	(A)	0.0036*** (4.76)		0.0084*** (7.35)	0.110** (2.45)					0.555*** (15.64)	1.146*** (2.92)	-0.0198 (-0.41)	0.0067** (2.12)	0.0093*** (4.39)	-0.0323*** (-3.16)	-0.0463** (-2.48)	0.745	125.8
		(B)	5.106*** (2.77)		-0.907 (-1.46)	1.918 (0.81)					0.526*** (9.83)	1.347*** (3.23)	-0.0350 (-0.57)	0.0075** (2.18)	0.0107*** (4.65)	-0.0324*** (-3.05)	-0.0521** (-2.65)	0.723	117.1
	三重门槛模型	(A)					0.0033*** (4.13)	0.0063*** (5.08)	0.0098*** (7.12)	0.112** (2.47)	0.556*** (15.75)	1.160*** (3.11)	-0.0215 (-0.46)	0.0066** (2.11)	0.0088*** (4.18)	-0.0340*** (-3.32)	-0.0453** (-2.54)	0.747	115.5
		(B)					4.755** (2.13)	-7.165** (-2.51)	-0.860 (-0.44)	1.928 (0.81)	0.526*** (9.81)	1.348*** (3.24)	-0.0346 (-0.57)	0.0076** (2.27)	0.0107*** (4.65)	-0.0326*** (-3.07)	-0.0520** (-2.66)	0.725	108.4

续表

支出类型	模型	自变量	PGDP≤γ_1	PGDP>γ_1	PGDP≤γ_1	γ_1<PGDP≤γ_2	PGDP>γ_2	PGDP≤γ_1	γ_1<PGDP≤γ_2	γ_2<PGDP≤γ_3	PGDP>γ_3	人均一般预算收入	人口密度	人均耕地面积	固定资产投资总额占比	职工平均工资	职工人数占比	常数	组内R^2	F值
经济服务类支出	单一门槛模型	(A)	0.0060*** (5.61)	-0.0120 (-0.55)								0.811*** (10.06)	0.451 (1.04)	0.0247 (0.55)	0.0074*** (1.24)	0.0090** (3.14)	-0.0446** (-3.13)	-0.0367 (-1.73)	0.647	57.97
		(B)	3.185 (0.73)	0.557 (0.14)								0.788*** (6.79)	0.466 (0.91)	0.0228 (0.47)	0.0061** (0.99)	0.0093*** (3.06)	-0.0436** (-2.60)	-0.0346 (-1.32)	0.641	57.42
	双重门槛模型	(A)			0.0059*** (5.57)	-0.0268* (-1.05)	0.105*** (1.54)					0.786*** (9.69)	0.551 (1.23)	0.0002 (0.00)	0.0063** (1.18)	0.0093*** (3.26)	-0.0446** (-3.19)	-0.0377* (-1.74)	0.669	55.52
		(B)			1.174 (0.25)	-6.534** (-1.50)	1.540** (0.32)					0.773*** (6.35)	0.635 (1.21)	-0.0302 (-0.44)	0.0068 (1.16)	0.0103*** (3.42)	-0.0501*** (-3.07)	-0.0332 (-1.23)	0.696	69.08
	三重门槛模型	(A)						0.0051*** (6.07)	0.0173*** (5.12)	-0.0225 (-0.89)	0.110 (1.60)	0.787*** (9.71)	0.570 (1.27)	0.0029 (0.07)	0.0062 (1.16)	0.0087*** (3.08)	-0.0439*** (-3.16)	-0.0381* (-1.77)	0.673	56.05
		(B)						10.03*** (3.14)	-0.453 (-0.09)	-6.859 (-1.56)	1.361 (0.28)	0.776*** (6.45)	0.475 (0.90)	-0.0316 (-0.44)	0.0065 (1.06)	0.0101*** (3.43)	-0.0491*** (-2.97)	-0.0277 (-1.02)	0.702	67.20
社会保障类支出	单一门槛模型	(A)	0.0053*** (4.07)	0.0506*** (8.90)								0.273*** (6.14)	0.981*** (3.22)	0.0408 (1.35)	0.00178 (0.76)	0.0068*** (3.41)	-0.0351*** (-3.38)	-0.0477*** (-3.41)	0.543	61.80
		(B)	5.550*** (2.42)	3.038*** (1.35)								0.220*** (4.21)	0.962*** (3.10)	-0.0734* (-0.72)	0.0024 (0.96)	0.0073*** (3.56)	-0.0315** (-2.97)	-0.0366* (2.42)	0.501	38.68
	双重门槛模型	(A)			0.0039*** (4.35)	0.0112*** (9.16)	0.0539*** (9.50)					0.276*** (6.24)	0.964*** (3.36)	0.0321 (0.98)	0.0018 (0.81)	0.0058*** (3.00)	-0.0306** (-2.61)	-0.0477*** (4.35)	0.564	71.67
		(B)			4.822** (1.99)	1.320** (0.51)	3.314*** (1.32)					0.215*** (4.06)	0.995*** (3.11)	-0.0871** (-0.79)	0.0026 (1.04)	0.0077*** (3.65)	-0.0331*** (-3.16)	-0.0359** (-2.00)	0.513	74.17

支出类型	模型	自变量	PGDP≤γ₁	γ₁<PGDP≤γ₂	PGDP>γ₂	PGDP≤γ₁	γ₁<PGDP≤γ₂	γ₂<PGDP≤γ₃	PGDP>γ₃	人均一般预算收入	人口密度	人均耕地面积	固定资产投资总额占比	职工平均工资	职工人数占比	常数	组内R²	F值
社会保障类支出	三重门槛模型	(A)				-0.0012 (-0.91)	0.0040*** (4.27)	0.0112*** (9.36)	0.0535*** (9.30)	0.275*** (6.27)	0.869*** (3.25)	0.0154 (0.38)	0.0015 (0.61)	0.0052*** (2.82)	-0.0273** (-2.44)	-0.0418*** (-3.09)	0.580	72.86
		(B)				10.20*** (4.37)	3.757 (1.58)	1.128 (0.44)	3.214 (1.30)	0.217*** (4.15)	0.901*** (2.88)	-0.0880 (-0.79)	0.0024 (0.94)	0.0075*** (3.64)	-0.0327*** (-2.94)	-0.0326* (-1.81)	0.524	34.99

注：（1）***、**、* 分别表示在1%、5%和10%的显著性水平上显著；（2）括号中为 t 值。

卫类支出的影响都是正向并且非常显著。而对经济建设类支出而言，其影响是最具有波动性的：人均 GDP 小于第二个门槛值 2.068 万元，均衡性转移支付对其产生正向的影响并在 1% 的显著性水平上显著，而当经济状况处于第二个门槛值 2.068 万元和第三个门槛值 3.428 万元之间时，其影响变成负向的，并且在 5% 的显著性水平上显著，但当其超越第三个门槛值 3.428 万元之后，均衡性转移支付资金的增加又会带来经济建设类支出水平的增加。在社会保障类支出中，人均 GDP 小于第一个门槛值 0.633 万元，其系数为负，但并不显著，但当超越这个门槛值后，均衡性转移支付对社会保障类支出的影响呈明显的正效应，并在 1% 的显著性水平上显著。综上可知，首先，总体来说，均衡性转移支付对地方政府财政支出有显著的"粘蝇纸效应"，也就是说，地方政府通过均衡性转移支付其财力状况得到改善之后，除了会加大教育、医疗和社会保障进行民生性投资，还加大了政府性消费及经济性建设支出。其次，不论是在哪种经济发展水平之下，均衡性转移支付资金规模对科教文卫类支出都有正向刺激效应，均衡性转移支付资金占地方财政比重越高，地方政府用于科教文卫类的公共支出就越多，这说明均衡性转移支付在保障教育卫生类公共服务方面起到了重要作用。再次，中央均衡性转移支付资金到达地方政府之后，一定程度上会被经济建设类支出和行政管理类支出挤占，而且这种现象在贫困地区更为明显。最后，对社会保障类支出而言，当地区经济发展水平较低时地方政府通过均衡性转移支付其财政压力得到一定程度缓解后，用于社会保障的民生性支出反而有所降低，直到经济发展到一定水平后，才会重视民生性支出，并且经济的发展水平越高，社会保障类支出规模也会越大。这表明，均衡性转移支付制度对地方政府积极提升公共服务水平具有一定的正向效应。

我们再对三重门槛中的（B）列回归结果进行分析，其反映的是在均衡性转移支付均等化目标下，地方政府自有财政能力与均衡性转移支付规模之间可能存在"此消彼长"的关系，在这种背景下，我国均衡性转移支付资金对地方政府支出行为的影响。可以发现：在行政管理类支出的结果中，当地方经济水平超过第一个门槛值2.409万元，但小于第二个门槛值3.078万元时，交叉项对其产生正向影响，并在1%的显著性水平上显著，而当地方经济水平超过第二个门槛值3.078万元后，交叉项对地方政府支出的影响变为负向，并且也非常显著，但在其他经济发展水平下，影响都不显著。但在科教文卫类支出中可以看到，在人均GDP小于1.068万元的贫困地区，交叉项对其产生正向显著的影响，但在人均GDP介于1.068万元与1.115万元之间，影响变成负向，而超过这个门槛值之后，又变成正向影响。在经济建设类支出中，当经济发展水平介于1.941万元与3.387万元之间，其为负向影响，并且在5%的显著性水平上通过了检验，但经济发展水平超过3.387万元之后，经济建设类支出会随着地方财力水平的增加而增加。最后，在任何经济发展水平下，交叉项对社会保障类支出在1%的显著性水平上都有显著的正向影响。综上可以看出，首先，与（A）组回归结果相比，交叉项在行政管理类支出、科教文卫类支出及经济服务类支出模型中的回归系数为负，这与上文的预期一致，这一方面说明我国均衡性转移支付确实倾向于补助相对贫困地区，地方的自有收入增加了，那么相应得到的均衡性转移支付资金就会减少，这样"此消彼长"的状况对经济发展水平一般的地区来说，交叉项对各类支出产生反向刺激，这是因为，当地方政府得到的均衡性转移支付资金减少，自有财力又不十分充足的情况下，由于"粘蝇纸效应"，它会更珍惜本地税收收入，从而就会减少各类财政支出规模；另一方面也说明落后地区地方自有财力不足，过度依赖中央转移支付补助，这表明我国分税制财政体制下，地方政府的财力、事权不匹配严重影响了公共服务的供给效率。其次，当地方经济发展达到很高水平，交叉项对各类支出的影响都为正向，并都通过了显著性检验，这说明，要提高地方的公共服务水平，关键还在于地方政府自身财力是否充裕，而不能依赖中央均衡性转移支付。因此，在保证地方政府公共服务均等化的同时，构建具有激励机制的转移支付制度尤为重要。最后，在经济服务类支出模型与其他形式支出模型的回归结果对比后可以发现，地方政府通过均衡性转移支付其地方财力状况得到改善之后，对经济服务类刺激最大，地方政府更有积极性增加经济建设类支出，这是因为在财政分权体制下，地方官员间的晋升锦标赛更能激励他们投身到经济建设当中去（周黎安，2007）；当经济发展水平介于两个门槛值之间时，增加的均衡性转移支付资金对这类支出有负向影响，当经济发展到了很高水平，均衡性转移支付资金会再次刺激经济服务类支出，并一直刺激社会保障类支出，这说明政府对民生福祉的支持会进入快速发展阶段。

同时我们发现，在固定效应和稳健性标准误下的固定效应中得到的结论基本一致，这进一步说明了本部分的分析和结论的可靠性。整体来看，在均衡性转移支付的财力和基本公共服务均等化的政策目标下，地方政府"粘蝇纸效应"会在经济欠发达地区更为明显，当经济发展到一定水平，会加大对教育、基础医疗建设的投入，这种现象跟马斯格雷夫和罗斯托提出的经济发展阶段论相吻合。此外，控制变量的回归结果基本跟上文一致，人均耕地面积与职工人数占比对地方科教文卫类支出有负向影响，这种影响与本地区的自然禀赋有关。其他变量的影响机制在上文已经分析过，在此不再赘述。综上可知，中央均衡性转移支付对地方财政支出存在显著的非线性影响。

5.2.4　本节小结

本节基于2005～2007年全国321个县域数据对中央均衡性转移支付对地方政府财政支出行为的激励效应进行评估,结果表明:地方政府在获得均衡性转移支付资金后,会提高其各类财政支出水平,这说明,均衡性转移支付制度对地方政府积极提升公共服务水平具有一定的正向效应。但是,目前均衡性转移支付规模的扩大确实会使地方财政支出产生"粘蝇纸效应"。中央政府给地方拨付均衡性转移支付后,会提高科教文卫类支出,并会同时提高经济服务类及行政管理类支出;当财政状况得到改善之后,会倾向于更大比例增加生产性、政府消费性支出项目,这种现象在欠发达地区更为明显,这可能与我国分权体制下地方官员考核晋升机制有关,因此:第一,必须在均衡性转移支付制度中引入约束机制,这种约束机制既可以体现在均衡性转移支付资金分配的一般公式法中核定地方政府标准财政支出时,也可以体现在独立设置的约束性指标之中,以此提高均衡性转移支付资金的使用效率,以便充分发挥转移支付制度公平与效率的作用。

第二,调整现行均衡性转移支付资金安排,通过立法、确定基本公共服务范围及其在政府支出中所占比重,明确规定均衡性转移支付资金的使用方向——公共服务领域,避免这些补助资金转变为投资。

第三,加快改革中国式分权的官员绩效评估机制,在官员绩效评估机制中加入公共服务水平提升的指标,以此调动地方政府提高公共品供给效率的积极性,加强对地方政府公共服务类支出的透明化管理,严格制定均衡性转移支付预算程序,硬化预算约束机制,提高财政监督水平和能力，不断完善财政体制，保证地方财政支出与当地居民的需求基本一致。

第四，从前文分析可知，地方政府自有财力不足，需要转移支付来补充，但财政压力缓解后，将资源用于能带来个人政绩和部门利益的支出项目，导致资金使用的边际效益较低，不利于提高公共服务的供给效率，所以均衡性转移支付资金的分配规模要把握好，既要有利于形成对地方财政积极性的激励作用，又要有利于保证地区间形成"既竞争，又合作"的良性关系。

6 现行均衡性转移支付的公共服务供给效率评估

根据公共经济理论，均衡性转移支付是以地区间均衡发展、基本公共服务均等化为目的的重要制度安排（伏润民，2008），是为各地方政府提供均等化公共服务提供资金保障。目前，中央将均衡性转移支付资金拨付给地方政府的过程中，既没有指定使用用途，又缺乏严格的监督和考核机制，地方政府对这部分资金拥有完全自主支配权，地方政府在高投入高增长的目标下，均衡性转移支付制度的公共服务供给效率及资金使用效果如何？本节基于我国238个市级数据对均衡性转移支付的公共服务投入产出效率进行评估。

6.1 我国转移支付的公共服务供给效率的研究概况

由于国外政治经济体制和财政管理制度不同，如：美国、日本、澳大利亚等国家的居民作为政治选民可以对均衡性转移支付资金的使用起到关键的监督作用，并且这些国家将转移支付资金纳入规范的预算管理，没有设立外生的绩效评价管理体系，因此国外对均衡性转移支付的效果评价的文献较少。

国内已有的相关研究有：刘亮（2003）采用人均财力的标准离差率来衡量财政转移支付的绩效，杨加猛等（2007）采用解释结构模型的方法对财政转移支付绩效进行评价；苏孜（2015）根据政府转移支付自身的特点及其战略目标，基于平衡计分法（BSC）构建了财政转移支付绩效方面的指标体系，并分别针对定性、定量两类指标，确定了具有差异性的转移支付绩效的计分方法。但这些文献中针对均衡性转移支付的公共服务供给效率评价的研究较少，最具有代表性的是伏润民等基于 DEA 二次相对效益模型，对云南省的一般性（均衡性）转移支付绩效进行实证模拟评价（伏润民，2008）。该文把均衡性转移支付绩效分解为基本公共服务资金配置效率和状况提升效率两个方面，以最小的财政支出实现基本公共服务水平最大的提升来衡量均衡性转移支付资金在配置和使用过程中的规范性（尽可能小的投入得到尽可能多的产出），以此来定义"基本公共服务资金配置效率"，保证一般性转移支付资金优先安排机制和资金管理决策的程序化；在消除各地区资源、经济发展水平等客观条件的影响下，将各地区通过自身财政努力提高的基本公共服务投入产出效率定义为状况提升效率，但此研究有如下缺陷，一是其把公共服务的效率（资金配置效率与状况提升效率的合成）直接等同于一般性转移支付的绩效，并没有做相关的论证，这显然是不严谨的；二是在对各地区的一般性转移支付绩效进行评价时没有考虑到我国各地区自身的资源禀赋及发展水平的差异。中央政府往往将其过去的业绩作为一般性转移支付规模的衡量因素，因此，对所有地区采用一般性转移支付绩效的绝对量进行考核和评价容易造成考核绩效高的地区"高枕无忧"，考核绩效低的地区"安于现状"，使地方政府降低自身努力程度。因此，在制定一般性转移支付的绩效评价体系时要考虑地方政府的财政能力以及基本公共服务供给成本等因素的差异，评价标准尽可能客观公正，这样对地方政府提高基本公共服务均等化水平的意图及努力程度的衡量就更准确，均衡性转移支付制度的正向激励效应就越强。

为此，本章首先运用动态 DEA Malmquist 指数模型，基于我国市级数据，对地区的公共服务的投入产出效率进行动态评价，核算公共服务供给效率相对上一年的改进效率，并把其分解成基本公共服务的资金分配效率、基本公共服务的状况提升效率、资金管理有效度及资金规模效率，从而便于分析其改进或者落后的原因；然后再基于测算出来的公共服务投入产出效率的变化值，考察均衡性转移支付增长率对公共服务投入产出效率提升的影响，从而建立我国均衡性转移支付公共服务供给效率的指标评价体系，为完善均衡性转移支付制度提供基础。

6.2 基本公共服务投入产出效率改进的测算方法

基本公共服务的供给效率反映的是基本公共服务产出和效果与其消耗公共资源之间的投入产出关系，我们通过构建公共服务投入产出效率评价体系，既要反映均衡性转移支付资金的使用绩效，又要反映在消除客观基础条件下，考察各地方靠主观努力程度实现基本公共服务状况的改善，财政即公共服务投入产出效率的提升。这里我们借鉴伏润民（2008）对均衡性转移支付绩效的分解，分为基本公共服务资金配置效率和状况提升效率两个方面，分别用来反映在基本公共服务方面各地区的"生产有效性"和"管理有效性"，即以最小的财政支出实现基本公共服务水平最大的提升来衡量均衡性转移支付资金在配置和使用过程中的规范性（尽可能小的投入得到尽可能多的产出），以此来定义"基本公共服务资金配置效率"，保证均衡性转移支付资金优先安排机制和资金管理决策的程序化，用于反映基本公共服务供给的"生产有效性"；将在消除各地区资源、经济发展水平等客观差异的情况下，各地区通过自身财政努力提高的基本公共服务投入产出效率，定义为状况提升效率，以此衡量地区基本公共服务的"管理有效性"。

本章根据宋小宁（2012）"人类发展指数"（HDI），和 2007 年《推进中国特色社会主义事业发展的纲领性文件——党的十七大报告辑要》及党的十八大报告中重点提出的与民生相关的社会建设项目，采用教育、医疗卫生和社会保障作为基本公共服务的内容。采用地方政府这三类财政支出来衡量基本公共服务的投入指标，采用人均（生均）投入指标来排除地区人口基数的差异对结果造成的影响；义务教育是实现公共服务均等化中的重要项目，也是均衡性转移支付的主要实施对象，所以要作为公共服务投入产出效率评价内容之一。教育事务的产出指标主要是中小学普通教育，结合数据的可得性，我们采用中小学生占总人口的比重、普通中学师生比、小学师生比来衡量基础教育服务水平；建立基本医疗卫生制度，让人人享有基本医疗卫生服务是基本公共服务的基本内容，采用"每千人床位数，每万人卫生技术人员数，每万人卫生机构数"衡量医疗服务水平；社会保障是社会安定的重要保证，社会保障事务采用失业率作为衡量就业服务水平的指标，采用基本养老保险覆盖率、基本医疗保险覆盖率、城镇失业保险参保率作为衡量城乡多层次的社会保障水平的指标。

表 6-1　各基本公共服务部门投入产出指标体系

部门类别	投入指标	产出指标
教育事务	生均教育财政支出（X^1）	中学生占总人口的比重（y_1^1）
		小学生占总人口的比重（y_2^1）
		普通中学师生比（y_3^1）
		小学师生比（y_4^1）
医疗卫生事务	人均医疗财政支出（X^2）	万人拥有卫生机构数（y_1^2）
		千人实有床位数（y_2^2）
		万人拥有卫生技术人员数（y_3^2）
社会保障事务	人均社会保障支出（X^3）	失业率（y_1^3）
		基本养老保险覆盖率（y_2^3）
		基本医疗保险覆盖率（y_3^3）
		城镇失业保险参保率（y_4^3）

　　DEA Malmquist 指数模型是由 Ten Malmquist 提出的基于 DEA 模型的非参数方法，运用它来测算我国市级公共部门的基本公共服务投入产出效率的变化。该模型表达式为：

$$M(X_j^{it}, Y_j^{it}, X_j^{it+1}, Y_j^{it+1}) = \frac{D_j^{it+1}(X_j^{it+1}, Y_j^{it+1})}{D_j^{it}(X_j^{it}, Y_j^{it})} \left[\frac{D_j^{it}(X_j^{it}, Y_j^{it})}{D_j^{it+1}(X_j^{it}, Y_j^{it})} \cdot \frac{D_j^{it}(X_j^{it+1}, Y_j^{it+1})}{D_j^{it+1}(X_j^{it+1}, Y_j^{it+1})} \right]^{\frac{1}{2}},$$

$$M_{v,c}^{t,t+1} = \frac{D_v^{t+1}(X_j^{it+1}, Y_j^{it})}{D_c^t(X_j^{it+1}, Y_j^{it})} \left[\frac{D_v^t(X_j^{it}, Y_j^{it})}{D_c^t(X_j^{it}, Y_j^{it})} \middle/ \frac{D_v^{t+1}(X_j^{it+1}, Y_j^{it+1})}{D_c^{t+1}(X_j^{it+1}, Y_j^{it+1})} \right] \cdot \left[\frac{D_c^t(X_j^{it}, Y_j^{it})}{D_c^{t+1}(X_j^{it}, Y_j^{it})} \cdot \frac{D_c^t(X_j^{it+1}, Y_j^{it+1})}{D_c^{t+1}(X_j^{it+1}, Y_j^{it+1})} \right]$$

　　其中，针对第 i 个部门（$i=1,2,3\cdots,m$），每一个市 j 均对应一组一维投入向量和 S 维产出向量 $Y_j^i = [y_{1j}^i, y_{2j}^i, \cdots, y_{sj}^i]^T$，其中：$x_{1j}^i > 0$，表示第 j 个市、第 i 个部门的人（生）均财政支出；X_j^{it} 和 X_j^{it+1} 分别代表第 j 个市、第 i 个 DMU（决策单元）$X_j^i = [x_{1j}^i] t$ 在和 $t+1$ 时期的投入变量；$y_{kj}^i (k=1,2,\cdots,s)$，$y_{kj}^i > 0$ 表示第 j 个市（决策单元 DMU_j^i）第 i 个部门的 k 项基本公共服务产出量。Y_j^{it} 和 Y_j^{it+1} 分

别代表第 j 个市、第 i 个决策单元在 t 和 $t+1$ 时期的产出变量，$\dfrac{D_j^{it+1}(X_j^{it+1},Y_j^{it+1})}{D_j^{it}(X_j^{it},Y_j^{it})}$ 是技术效率变化 EC_j^i，本书中代表基本公共服务的资金配置效率变化；$\dfrac{D_j^{it}(X_j^{it},Y_j^{it})}{D_j^{it+1}(X_j^{it},Y_j^{it})} \cdot \dfrac{D_j^{it}(X_j^{it+1},Y_j^{it+1})}{D_j^{it+1}(X_j^{it+1},Y_j^{it+1})} ; \dfrac{D_c^t(X_j^{it},Y_j^{it})}{D_c^{t+1}(X_j^{it},Y_j^{it})} \cdot$ $\dfrac{D_c^t(X_j^{it+1},Y_j^{it+1})}{D_c^{t+1}(X_j^{it+1},Y_j^{it+1})}$ 是技术进步变化 TC_j^i，在本书中代表基本公共服务的状况提升效率变化；$\dfrac{D_v^{t+1}(X_j^{it+1},Y_j^{it+1})}{D_c^t(X_j^{it},Y_j^{it})}$ 是纯技术效率变化 PC_j^i，在本书中代表均衡性转移支付的资金管理有效度；$\dfrac{D_v^t(X_j^{it},Y_j^{it})}{D(X_j^{it},Y_j^{it})} \Bigg/$ $\dfrac{D_v^{t+1}(X_j^{it+1},Y_j^{it+1})}{D_c^{t+1}(X_j^{it+1},Y_j^{it+1})}$ 是规模效率变化 SC_j^i，在本书中代表均衡性转移支付的规模效率。

$D(X_j^{it},Y_j^{it})$、$D(X_j^{it+1},Y_j^{it+1})$ 表示 t 和 $t+1$ 时期的距离函数。通过距离函数之比测算 DEA Malmquist 下各决策单元的全要素生产率，在本书中代表公共部门对基本公共服务的投入产出效率变化，并分解成技术效率（基本公共服务的资金配置效率变化）、技术进步变化（基本公共服务的状况提升效率）、纯技术效率变化（均衡性转移支付的资金管理有效度）和规模效率变化（均衡性转移支付资金的规模报酬）等指数。通过动态 DEA Malmquist 指数模型，可以观察出"基本公共服务投入产出效率变化"是"基本公共服务的资金配置效率变化"还是"基本公共服务的状况提升效率"变化引起的。如果得出由后者引起的，又可以推测是因均衡性转移支付的"资金管理有效度"还是"资金的规模报酬"引起的。

6.3 基本公共服务投入产出效率改进的测算

由于自 2008 年起《全国地市县财政统计资料》缺乏分类的财政
支出数据，而且本书选取的产出指标的县级数据难以获得，所以文
章最终采用了全国 2005～2007 年的三年动态时间序列的市级数据，
经过筛选获得 291 个城市的完整样本，我们运用 DEA Malmquist 指数
模型对 DMU 实施数据运算。

6.3.1 全国样本分析结果

首先，利用 DEAP 2.1 实施 DMU 决策单元数据分析工作，结果
见表 6－2。

**表 6－2 DEA Malmquist 指数模型下全国均衡性
转移支付绩效均值**

年份	技术 效率变化 基本公共 服务资金 配置效率	技术进步 效率变化 基本公共 服务状况 提升效率	纯技术 效率变化 资金管理 有效性效率	规模 效率变化 规模报酬 效率	全要素 生产率变化 一般性转移支付 绩效改善效率
2005～2006	1.027	0.694	0.998	1.029	0.713
2006～2007	1.051	0.696	1.000	1.051	0.731
均值	1.039	0.695	0.999	1.040	0.722

从整体看，2005～2007 年我国均衡性转移支付的全要素生产率
指数的均值为 0.722，这说明我国基本公共服务投入产出效率总体并
不乐观，效率水平降低了 27.8%，究其原因是技术进步效率（基本
公共服务状况提升效率）降低了 30.5%，它的降低抵消了基本公共
服务资金配置效率的提高。规模效率增加了 4%，这说明 2005～

2007年我国均衡性转移支付资金的规模效益递增；其次，对比两个年份区间可以得出，2006～2007年比2005～2006年基本公共服务投入产出效率变化增加了1.8个百分点，并且四个因素的效率都有一定幅度的提高；其中基本公共服务状况提升效率和资金管理有效性效率都只增长了0.2个百分点，这说明这两个年份区间，这两个效率变化基本持平。此外，全要素效率的增长来源于基本公共服务的资金配置效率，并且资金配置效率的增长来源于规模效率变化增长了2.2%，这个现象说明，在我国均衡性转移支付规模不断扩大的过程中，随着我国均衡性转移支付制度改革的深化，公共服务投入产出效率逐年提高，但对基本公共服务状况的改善仍不明显。

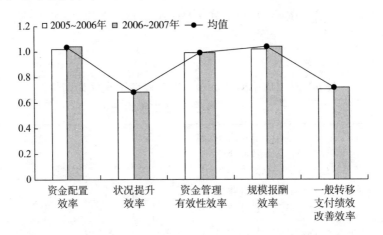

图 6 -1　2005～2007 年均衡性转移支付供给效率改进对比

图 6 -1 显示的是 2005～2007 年均衡性转移支付的各效率增长情况，可以发现，基本公共服务的投入产出效率递增的主要因素是地方的基本公共服务水平的资金配置效率的提高，但基本公共服务状况提升效率并没有得到改善，这反映了地方政府得到均衡性转移支付资金后，财政支出与公共服务水平的提升之间的投入产出比有所降低。虽然 2005～2006 年处于规模报酬递增阶段，也就是均衡性转移支付规模越大，资金的配置效率也越高，但 2005～2007 年技术

进步（基本公共服务状况提升效率）的变化减缓了均衡性转移支付均等化绩效的增长。这些现象说明了我国均衡性转移支付资金在配置和使用过程中存在以下问题。

近年来我国均衡性转移支付资金规模不断扩大，中央均衡性转移支付资金占地方自有收入的比例远远高出其合理程度，这造成了地方政府过度依赖上级政府的转移支付。同时，均衡性转移支付的增长带来的地方政府财政支出的增加要高于本地区税收收入增长带来的增加（Oates，1994；褚敏，2013），也就是存在"粘蝇纸效应"，使地方政府不会像珍惜本地税收收入增长那样珍惜上级的均衡性转移支付资金，从而造成基本公共服务状况提升效率低下。

同时，我国不断优化和调整财政转移支付的结构，进一步加大对均衡性转移支付资金使用效率的督察力度，避免增加的均衡性转移支付带来地方政府财政支出的"粘蝇纸效应"的加剧，这使均衡性转移支付资金产生"规模报酬递增"效应，表现为基本公共服务的资金配置效率相应地提高。

6.3.2 分割样本后的结果

考虑到考察期内西部、北部地区[①]的自有财政能力相比中东部地区[②]较弱，这可能引起这两类地区对均衡性转移支付依赖度不同，从而均衡性转移支付的基本公共服务绩效也会不同。因此我们除了使用全国样本外，还采用分割样本进行估计。在分割样本时，除了考虑样本本身的特征，还考虑了样本容量的均衡性，最终分为西部和北部地区、中部和东部地区两组样本，仍采用 DEA Malmquist 指数

---

① 西北部地区包括：河北、山西、内蒙古、广西、贵州、云南、四川（重庆）、甘肃、宁夏、新疆等省区、市。

② 中东部地区包括：江苏、浙江、安徽、福建、山东、河南、湖南、湖北、广东、江西、吉林、辽宁、黑龙江等省份，不包括：北京、上海、天津等直辖市。

模型，对我国公共服务供给效率进行分区域测算。

表6-3 我国西北部地区公共服务供给效率均值

年份	技术效率变化基本公共服务资金配置效率	技术进步效率变化基本公共服务状况提升效率	纯技术效率变化资金管理有效性效率	规模效率变化规模报酬效率	全要素生产率变化一般性转移支付绩效改善效率
2005~2006	0.905	0.746	0.993	0.911	0.676
2006~2007	1.009	0.712	0.996	1.013	0.719
均值	0.956	0.729	0.995	0.961	0.697

表6-4 我国中东部地区公共服务供给效率均值

年份	技术效率变化基本公共服务资金配置效率	技术进步效率变化基本公共服务状况提升效率	纯技术效率变化资金管理有效性效率	规模效率变化规模报酬效率	全要素生产率变化一般性转移支付绩效改善效率
2005~2006	1.063	0.671	0.998	1.065	0.713
2006~2007	1.039	0.703	0.996	1.043	0.73
均值	1.051	0.686	0.997	1.054	0.721

从以上测算结果可以得出跟前文相似的结论，同时还有以下发现。

总体来说，我国中东部地区比西北部地区的基本公共服务投入产出效率要高，主要来源于中东部的基本公共服务的资金配置效率变化比西北部高出9.5个百分点，这是由于中东部地区自身财政能力较西北部地区要强，对均衡性转移支付的依赖度没那么高（吕炜，2015），地方政府边际上增加的收入就会大体上遵循中央政策目标，用于提高本地区的基本公共服务水平。而对于西北部地区，由于经济相对落后，地方官员受部门利益、政治博弈和任期周期的影响，地方获得中央转移支付后，更倾向于短期生产性投资，从而基本公共服务状况得不到有效的改善。

对比两个区域的技术进步效率变化可以发现，西北部地区略高于中东部地区，这表明我国西北部地区的基本公共服务的状况提升效率要比中东部地区快，主要原因有两点：一是西北部地区的基本公共服务基础较为薄弱，地方投入均衡性转移支付资金后，改善效果较为明显。二是在我国以 GDP 为主的地方官员晋升考核机制下，当地方财政压力缓解后，会倾向于增加生产性、政府消费性支出项目，所以中东部地区的均衡性转移支付资金的基本公共服务提升效率不明显。

考察期内均衡性转移支付的资金管理有效度一直较为稳定，中东部与西北部也没有差异，这表明这几年我国中央政府严格监控均衡性转移支付资金的使用方向、强调提高其使用效率等提升公共服务的举措颇见成效。

6.4 均衡性转移支付的公共服务
供给效率评估

本节通过考察均衡性转移支付对基本公共服务投入产出效率改进的影响效应，来对均衡性转移支付的公共服务供给效率进行评估。为此，建立回归模型如下：

$$M_j^t = \alpha + \beta_0 GenTr_j^t + \beta_1 SpecTr_j^t + \beta_2 GelB_j^t + \beta_3 InfS_j^t + \beta_4 AdmS_j^t + X_j^t + \varepsilon_j^t \quad (6-5)$$

式（6-5）中：M_j^t 为前文测算出来的 M 指数，代表基本公共服务的投入产出效率的改善，模型中的解释变量为均衡性转移支付及其他影响公共服务投入产出效率变化的因素，以此来考察均衡性转移支付规模的增长对地方政府的公共服务投入产出效率的提升是否有显著作用，用于反映均衡性转移支付的公共服务供给效率。均衡性转移支付制度的政策目标就是提高地方的基本公共服务水平，那么其会对公共服务投入产出效率的变化产生影响。因此，选取人均均衡性转移支付增长率作为核心解释变量，其他解释变量：（1）人均专项转移支付增长率。我国的专项转移支付应用广泛，往往涉及基本公共服务领域，因此认为专项转移支付会对因变量有影响。（2）人均一般预算收入增长率。一般预算收入是地方政府财力的重要组成部分，代表地方的自身财政水平，直接影响基本公共服务的供给。（3）人均基本建设支出增长率。在我国"竞争锦标赛"的模式下，地方政府"重投资轻民生"的支出行为会导致均衡性转移支付可能被用于基本建设支出，进而影响基本公共服务支出。（4）人均行政管理费支出增长率。行政管理费支出包含地方各个公共部门的行政经费。这是由于，一方面，公共部门行政人员公款消费现象屡禁不止；另一方面，财政转移支付会造成财政供养人口的膨胀（袁飞等，2008）。因此，行政管理类支出可能会挤占均衡性转移支付资金，从而可能会降低基本公共服务效率。X_j^t 为控制变量的集合：人口密度（density）是影响公共支出成本差异的重要因素，公共支出的成本差异导致基本公共服务的成本差异，从而对均衡性转移支付绩效产生影响；产业结构（industry）为第一产业总产值占 GDP 的比重，地区城市化水平的提高会带来地方财政支出膨胀，也与地方公共服务需求有密切的关系。ε_j^t 为误差项，我们采用随机效应的 Tobit 回归方法。

6.4.1　数据描述

本章模型中各变量的统计特征如表 6-5 所示。

表 6 - 5　变量的描述性统计

变量名称	观测值	均值	标准差	最小值	最大值
M 指数 基本公共服务投入产出效率改善	186	0.7570	0.2626	0.2140	3.0800
人均均衡性转移支付增长率	186	1.6120	12.0645	- 0.7645	4.3881
人均专项转移支付增长率	186	2.1421	10.5776	- 0.9663	4.0500
人均行政管理支出增长率	186	0.5004	0.4285	0.0143	4.0029
人均基本建设支出增长率	186	0.7538	4.4930	- 2.5947	7.2260
人均财政收入增长率	186	0.0904	0.1659	- 0.4824	0.7931
人口密度	186	0.0469	0.0323	0.0011	0.2400
人均 GDP	186	4.1130	0.2387	3.5422	4.8573
产业结构	186	0.1697	0.0913	0.0045	0.4479
城市化水平	186	0.3053	0.1404	0.1080	0.9907

6.4.2　实证结果分析

实证结果分别从全国样本和分地区样本来分析，从表 6 - 6 的
（1）列所示的全国样本的回归结果可以看出，人均均衡性转移支付
的增长与地方政府公共服务投入产出效率呈显著正相关，也就是说，
随着均衡性转移支付规模的不断扩大，当地公共服务供给效率也不
断提升，这表明在中央均衡性转移支付的政策目标下，我们可以用
地方政府的公共服务的投入产出效率的提升来衡量均衡性转移支付
的资金使用绩效，如果公共服务的投入产出效率得到很大的提升，
可以说明均衡性转移支付资金配置效率和公共服务状况提升效率得
到了较大改善。通过前文的分析，还可以了解到效率的提升是来源
于哪个方面，这不仅为进一步提升均衡性转移支付资金的使用效率
提供基础，也对地方政府对资金的监管起到指导性的作用。人均专
项转移支付增长率对均衡性转移支付的基本公共服务绩效变化影响

并不显著，这存在两个方面的原因：一方面，按照中央政府对公共财政发展的指导原则，用于均衡地区经济发展水平及公共支出的专项转移支付覆盖到基本公共服务方面，这样就加大了基本公共服务的供给，对均衡性转移支付的绩效的提高具有推波助澜的作用；另一方面，在专项转移支付资金的具体分配上，中央希望通过专项资金来引导地方政府资金的投向，所以要求地方有相应的配套资金，以实现中央政府的政策目标。这在一定程度上给地方政府带来了沉重的负担。这是因为，各地资源禀赋不同，地区间自有财政能力的差别较大，中央拨款的资金规模又与地方配套资金的提供能力有直接关系，所以这不仅没有改变本身的分配格局，反而使地区间的差距越来越大，不利于公共服务投入产出效率的提高。综上可知，专项转移支付对基本公共服务投入产出效率的影响不显著。

人均行政管理支出的回归结果为负，并在1%的显著性水平上显著，这说明地方政府的人均行政管理支出水平越高，基本公共服务投入产出效率就越小。这是由于地方政府的行政管理支出在一定程度上挤占了公共服务支出，从而减少了基本公共服务的供给，对基本公共服务投入产出效率带来负面影响。人均基本建设支出的回归结果并不显著，这是由于虽然基本建设支出也会对公共支出有挤出效应，但是基本建设可能会加快当地经济发展，特别是在我国以GDP为考核目标的官员晋升机制下，更能激励地方官员发展经济建设，从而加大了地方政府的自有财力，也对基本公共服务供给产生正效应。

同时，从控制变量的回归结果中可以看出。产业结构这个指标在5%的显著性水平上显著为负，表明第一产业占GDP比重越高，越不利于基本公共服务水平的提高；人口密度与城市化水平这两个指标都不显著，人口密度高的地区对基本公共服务要求就越高，这对均衡性转移支付的绩效有促进作用，但地区公共商品的支出存在外部性和规模经济，使人口密度高的地区的单位公共支出成本比人口密度低的地区低。

为了更清楚、准确地描述各指标的影响效应，我们仍把样本城市划分成两个子样本：西北部地区、中东部地区，被解释变量的 M 值由第一部分测算而得，回归结果如表 6 - 6 的（2）、（3）两列所示。从回归结果可以看出，均衡性转移支付增长这个指标与全国样本的结果基本一致，这更加坚定了我们的判断，地方政府的基本公共服务的投入产出效率的改进可以反映均衡性转移支付的公共服务供给效率。但通过对比两个样本的回归系数可知：均衡性转移支付对中东部地区比西北部地区的公共服务供给效率的正向影响效应要小，这是由于：中东部经济发达地区相比西北部经济欠发达地区上缴了更多的税收收入，而西北部地区相比之下获得了更多的均衡性转移支付资金，均衡性转移支付的"公平"职能得以体现，但这种制度设计可能会诱导发达地区降低服务效率和财政努力，缺乏公共服务供给激励。从其他解释变量的分析结果来看，两组估计结果都与全国样本存在显著不同：在西北部地区，专项转移支付的变化对基本公共服务投入产出效率变化有显著的负向影响，这可能由于西北部地区的地方政府自有财力能力较弱，无法达到中央专项补助的配套要求，甚至会挤占均衡性转移支付资金，从而对基本公共服务投入产出效率的改善产生负效应；同时，西北部地区的人均基本建设支出的回归结果不同于中东部地区，其明显阻碍公共服务投入产出效率的提高，这是由于基本建设支出大量挤占了民生支出，而西北部地区的自身禀赋较为落后，即使大搞经济建设也难以带来快速的经济发展，同时，受地域及交通情况的影响，该地区对企业及外资的吸引力也不够，地方政府的自有收入情况得不到太大改善，从而导致基本建设支出增长率对基本公共服务的投入产出效率的提升有显著负向影响；中东部地区的行政管理支出显示显著的负效应，这与全国样本的分析类似。在控制变量回归结果中，中东部地区的人口密度及产业结构都对均衡性转移支付公共服务供给效率的提升有显著负向影响，由于中东部地区的人口密度较西北部普遍要大，对基本公共服务的诉求更强烈，但人口密度越大，公共服务投入产出效率的提升越困难。

综合以上分析可知，由于我国两个区域自然资源禀赋不同和经济发展水平的差异，各种指标对基本公共服务的绩效变化呈现显著不同的影响。因此，中央在对地方拨付均衡性转移支付时，要同时考虑各种形式的转移支付配合使用，从而缓解均衡性转移支付提高基本公共服务水平及实现财力均等化的压力，最终取得更好的效果。另外，在对均衡性转移支付公共服务供给效率进行考核时，也应关注各个地方政府的支出行为，全方位进行监督和管理，从而提高资金的使用效率，达到中央的政策目标。

表 6-6　公共服务投入产出效率变化与其可能的影响因素的回归结果

项目	公共服务投入产出效率变化（M值）		
	(1)	(2)	(3)
人均均衡性转移支付增长率	0.0038 * (0.27)	0.0054 ** (0.43)	0.0018 * (0.12)
人均专项转移支付增长率	0.0005 (0.49)	-0.1598 *** (-2.67)	0.0006 (0.51)
人均行政管理支出增长率	-0.0921 *** (-3.28)	0.0015 (0.03)	-0.1052 *** (-3.29)
人均基本建设支出增长率	0.0020 (0.77)	-0.0856 *** (-3.15)	0.0024 (0.92)

续表

项目	公共服务投入产出效率变化（M值）		
	（1）	（2）	（3）
人均财政收入增长率	0.0035 (0.05)	0.3722 ** (1.92)	-0.0322 (-0.39)
人口密度	0.5752 (1.39)	-0.3239 (-0.28)	-1.1180 ** (-2.12)
产业结构	-0.3034 ** (-1.90)	0.0639 (0.24)	-0.4672 ** (-2.42)
城市化水平	-0.0291 (-0.28)	-0.0735 (-0.44)	0.0560 (0.40)
常数	0.8401 *** (3.83)	0.2069 (0.50)	0.9089 *** (14.21)
观测值	186	58	128
截面数	93	29	64
极大似然值	64.2105	26.9133	44.9099

注：（1）***、**、*分别表示在1%、5%、10%的显著性水平上显著；（2）括号中为 Z 值。

6.5　本章小结

经济学家伯德（Bird）曾说过，财政转移支付制度设计得是否合理关键要看它的制度效果。因此我们要对均衡性转移支付的公共服务供给效率进行评估，这是提升公共服务投入产出效率，推进我国均衡性转移支付制度改革的关键。

为此我们建立规范的地方政府基本公共服务的投入产出效率评价跟踪机制来衡量均衡性转移支付资金的使用效率，并将均衡性转移支付资金分配与地方政府基本公共服务水平的提升联系起来，以此提高地方政府公共服务供给的积极性。此外，对基本公共服务供给效率的评价不能只关注基本公共服务水平的高低，应结合各地区资源禀赋及基础条件的优劣，重点评价由地方基本公共服务的努力程度带来的改善效率。为此，本书以中央均衡性转移支付制度目标为导向，采用"人类发展指数"（HDI）及党的十八大报告中提出的与民生相关的教育、医疗卫生和社会保障作为基本公共服务的内容，以量化指标为主，运用动态 DEA Malmquist 指数模型，测算出均衡性转移支付的基本公共服务投入产出的改进效率，并把其分解成均衡性转移支付的资金配置效率变化、基本公共服务状况提升效率变化。为了更加明确了解效率的变化来源于哪个因素，我们进一步将均衡性转移支付的资金配置效率分解为资金管理有效度及资金规模效应。模型分析结果如下：我国基本公共服务供给效率整体很不乐观。从分区域样本的分析结果可以看出，尽管中东部地区比西北部地区基本公共服务供给效率改进绩效要高，但整体绩效并不乐观，这是由于：均衡性转移支付资金配置效率较稳定的同时，基本公共服务状况提升效率在降低，这表明我国无论是贫困地区还是富裕地区的地方政府都缺少提高公共服务供给效率的激励。

在上述结论的基础上，考察均衡性转移支付、专项转移支付以及地方政府支出行为对地方基本公共服务投入产出效率改进的影响，得出以下结论。

（1）我国均衡性转移支付对基本公共服务供给效率的提升有正向影响效应，但相比之下，均衡性转移支付对中东部地区比西北部地区的公共服务供给效率的正向影响效应要小，这是由于：中东部经济发达地区相比西北部经济欠发达地区向中央上缴了更多的税收收入，而西北部地区相比之下获得了更多的均衡性转移支付资金，均衡性转移支付的这种"公平"职能诱导富裕地区降低服务效率和财政努力，缺乏公共服务供给激励。

（2）专项转移支付资金的投入并未分担均衡性转移支付的均等
化责任，中央政府利用专项资金来引导地方政府资金的使用方向的
政策意图并没能实现；而且西北部地区的基本建设支出、中东部地
区的行政管理支出对本地区的民生性支出有明显的挤出效应，显著
影响了均衡性转移支付公共服务供给效率的改善；此外，西北部地
区的自身财政收入水平的提高对本地区的公共服务水平的提升有很
大的促进作用。

7 结论与政策建议

7.1 对我国现行均衡性转移支付有效性
评估的基本结论

均衡性转移支付制度是随着我国分税制财政体制改革逐渐建立起来的，是以均等化地方政府财力和公共服务水平为政策目标的中央政府的收入再分配手段，合理有效的均衡性转移支付制度应当兼顾公平与效率，既要发挥均衡政府间财力的作用，又要注重激励地方财政积极性，保证经济运行与财政运行效率。本书通过对均衡性转移支付的财力均等化效果评估、对地方政府财政收支行为的激励效应评估以及对公共服务供给效率评估三个方面，得出以下结论：现行均衡性转移支付在其制度设计和政策实施上一定程度上兼顾了公平与效率，对其政策作用应给予一定的肯定。但从现实情况来看，均衡性转移支付仍保留了原体制的一些特征，在很大程度上强调地方既得利益，一定程度上也阻碍了其有效性的发挥，并不能为公共服务均等化和地区间协调发展提供非常好的基础。

第一，通过对我国地方政府总财力的基尼系数测算及其分解可知，相对于其他转移支付来说，只有均衡性转移支付具有财力均等化作用，但由于现行制度的不合理，均衡性转移支付占中央对地方财力补助的比重较低，这使得按公式分配的均衡性转移支付资金发挥的财力均等化作用大打折扣，专项转移支付却成了解决地区间发展不平衡、实现基本公共服务均等化的主要手段，这虽然可以起到一定的弥补作用，但导致了制度更不稳定，更依赖相机抉择，所以无法改变转移支付整体上的非均等化作用，不利于经济的稳定发展。因此，要合理构建财政转移支付制度，必须保证均衡性转移支付是财政转移支付的主体，专项转移支付是补充，同时逐渐取消税收返还政策，充分发挥均衡性转移支付的均等化政策效果，这样才能有利于经济的运行效率。

第二，基于动态空间工具变量模型和空间杜宾模型，来评估均衡性转移支付对地方财政收入行为的激励效应。实证分析得知：现行的均衡性转移支付制度会引起地区间的税收竞争。因此，短期来看，均衡性转移支付资金一定程度上缓解了地方政府的财政压力，在现行转移支付制度缺乏激励机制的背景下，地方政府往往会把其当作征税的替代，会抑制地方征税努力，降低了地方财政积极性，不利于我国财政运行效率的提高；而且，如果均衡性转移支付制度约束软化，产生过度的税收竞争，地方政府为了争取税源和维护地方利益会滥用税收优惠政策等来吸引外资，在这种招商竞争中，由于土地产权不明，所以主要是土地竞争，这样必然会影响市场经济的资源配置和收入分配。

但长期来看，如果能保证地区间的税收竞争是良性的、充分的和符合市场经济规律的，那么均衡性转移支付对地方政府财政收入行为的影响就是中性的。这是由于：均衡性转移支付会降低地方政府实际有效税率，这必然也会导致该地区的标准财政收入降低；而地区间的横向税收竞争会使相邻地区也降低企业综合税负，如果税收竞争充分，地区间流动性生产要素的分布格局将不会改变，那么各地区的税基分布也不会有明显变化，由于地方政府平均有效税率降低了，还会使得所有地区的标准财政收入降低，但仍然不能因此认为均衡性转移支付对地方政府的财政收入行为具有逆向激励效应。这是因为，我国均衡性转移支付与其他转移支付形式不同，它是按照一般公式法进行分配的，这种特性使得均衡性转移支付产生的税率效应和税基效应相互抵消。具体来说，由上文分析可知均衡性转移支付使某地区的标准财政收入减少，导致标准财政收支缺口增大，但中央均衡性转移支付总额是既定的，标准财政收支缺口的提高将使得转移支付系数降低，这也使得地方政府得到的均衡性转移支付并不会增加，这样一来，地方政府就无法通过自身的征税努力来影响中央政府对均衡性转移支付资金的分配，地方政府因此失去激励去改变自身的财政收入行为，因此，长期来看，均衡性转移支付对地方政府的财政收入行为保持了中性效应。

第三，从我国均衡性转移支付对地方政府的公共支出规模和结构的影响来衡量均衡性转移支付的有效性，结果表明：目前我国均衡性转移支付规模的扩大会导致地方政府的"粘蝇纸效应"。并且地方政府在得到均衡性转移支付资金后，会提高科教文卫类支出，但也会同时提高经济服务类及行政管理类支出；当财政状况得到改善之后，会倾向于更大比例增加生产性、政府消费性支出项目，这种现象在落后地区更为明显。之所以存在公共支出的"粘蝇纸效应"和非民生性支出偏好的问题，是由于中央对均衡性转移支付资金的分配没有做出明确的规定，缺乏不同性质的税收对应不同性质公共商品的硬性约束，不同级次政府的公共商品供给事权范围不明晰，形成公共预算内部各种收支之间的软约束，导致公共支出的规模扩张与结构失衡，强化了我国公共支出的替代效应，均衡性转移支付资金没有用于公共服务支出，降低了资金使用效率，严重影响均衡性转移支付的预算透明度。

第四，通过构建我国均衡性转移支付的公共服务投入产出指标体系，运用动态 DEA Malmquist 指数模型，测算出基本公共服务投入产出效率的提升效率，再通过回归分析方法考察我国均衡性转移支付对公共服务投入产出效率的影响，以此评估均衡性转移支付的公共服务供给效率。研究结果表明，我国公共服务投入产出效率整体上很不乐观。从分区域样本的分析结果可以看出中东部地区比西北部地区基本公共服务供给效率改进效率要高，但整体效率是降低的；从我国均衡性转移支付对基本公共服务供给效率影响的回归分析可以看出，均衡性转移支付对基本公共服务供给效率的提升有正向影响效应，但均衡性转移支付对中东部地区比西北部地区的公共服务供给效率的正向影响效应要小，这表明：我国无论是贫困地区还是富裕地区的地方政府都缺少提高公共服务供给效率的激励。中东部经济发达地区相比西北部经济欠发达地区上缴了更多的税收收入，而西北部地区相比之下获得了更多的均衡性转移支付资金，均衡性转移支付的"公平"职能得到了体现，但这种制度设计会诱导富裕地区降低服务效率和财政努力，这是由于在现阶段以 GDP 为考核目标的政治体制下，我国缺乏以基本公共服务均等化为目标的激励约束机制，政府职能还未从经济发展向公共服务方向转变，对均衡性转移支付资金的来源和分配缺乏有效监督，均衡性转移支付制度的软约束造成地方政府缺乏提高公共服务供给效率的激励，随着经济的增长地区之间公共服务供给差距也逐渐加大，不利于市场经济的稳定发展。

综上所述，我国现行均衡性转移支付制度的有效性总体来说是值得肯定的，但还存在一些问题影响了均衡性转移支付的"公平与效率"的实现，具体来说有以下几个方面：虽然我国现行的均衡性转移支付是按照一般公式法进行分配，但由于标准收入和标准支出的核算方法尚存在一定的缺陷，具有财力均等化作用的均衡性转移支付的比重不够，不足以逆转地区间财力差距的扩大，导致地区间财力均衡和基本公共服务水平均等化无法实现；均衡性转移支付制度中缺乏激励机制和约束机制，这使得其对地方政府财政收支行为的正向激励效应不明显；此外，由于我国尚未建立均衡性转移支付的绩效评价体系以及资金监督管理机构，这显著减弱了均衡性转移支付公共服务供给效率的改善。因此，针对以上问题，提出提高中央对地方的均衡性转移支付制度的有效性的政策建议，要从均衡性转移支付资金的分配方法入手，在制度中设计对地方政府的财政收入和支出行为的激励约束机制，在分配过程中对其合规性进行监督，分配后要对均衡性转移支付有效性进行评价，这是实现公共服务均等化和地区间协调发展、体现公平与效率的内在要求。

7.2　完善我国均衡性转移支付制度的政策建议

为进一步提高我国均衡性转移支付制度的有效性，使均衡性转移支付资金使用得更科学更合理，对地方政府的财政收支行为产生正向激励效应，提高地方公共服务的供给效率，实现公共服务均等化和地区间协调发展的目标，必须完善我国均衡性转移支付制度，理顺中央与地方政府的利益关系，使政府能有效行使资源配置和收入再分配职能，激励地方政府自身发展能力，保证国家发挥宏观调控职能。这不只是一个财政问题，更是一个经济问题和社会问题。值得注意的是，我国均衡性转移支付制度的改革与完善是一个系统工程，要从整个财政体制入手，结合宏观经济发展态势和财税政策，通过一系列配套改革才能够兼顾效率与公平，统筹协调地推进改革步伐。

因此，在财政体制改革不断深化的进程中，为了保障我国市场经济健康、稳定发展，按照科学的公共经济理论和市场经济的基本要求来完善我国均衡性转移支付制度具有十分重要的意义。为此，本书对我国均衡性转移制度的完善提出政策建议。

7.2.1 优化财政转移支付结构，加大均衡性转移支付力度

前文的实证结果表明，只有均衡性转移支付具有财力均等化作用，并且它也是我国唯一的按一般公式法分配资金的转移支付方式，所以，对于转移支付所带来的横向税收竞争，即使在短时期内会因为侵蚀税基而降低地方政府的自有财政收入，但长期来看，由于均衡性转移支付是采用一般公式法进行资金分配的，其产生的税率效应与税基效应相互抵消使其对地方政府的财政收入行为不会带来逆向激励效应，因此避免了其他转移支付形式使我国陷入"福利陷阱"和"懒惰陷阱"，造成转移支付的效率损失。此外，由于目前我国地区间财力水平较为悬殊，基层财政保发公教人员工资和政府机构运转经费短缺，均衡性转移支付主要是为了保证政府机构运转所需经费，对地方财政自主权干预较小；而专项转移支付主要是国家为了实现特定政策目标、解决特定领域公共物品提供的问题，但对地方政府的财政自主权干预程度较大。因此，未来我们要优化和调整现行的政府间财政转移支付结构，无论是出于公平还是出于效率的目的，都要加大基础性的均衡性转移支付的力度，进一步提高均衡性转移支付占财政转移支付总额以及地方财政总收入的比重，充分发挥均衡性转移支付均等化作用，使其成为财政转移支付的主要形式，这应该是我国财政体制改革的重点之一。

此外，在完善纵向转移支付制度的同时，建立横向转移支付制度新模式，形成纵向为主、横向为辅的立体化转移支付模式。可以通过以下途径来完成：一方面将现有的"对口支援"制度法制化，比如可以借鉴广东省政府《关于建立推进基本公共服务均等化横向转移支付机制的指导意见》，建立经济发达地区对落后地区的横向转移支付机制；另一方面以现有生态补偿机制等为蓝本建立利益相关地区之间的横向转移支付机制，这种多方位、立体化的均等化转移支付模式有助于提高我国地区间均等化水平。

7.2.2 进一步完善均衡性转移支付资金分配办法

从前文分析可知，均衡性转移支付资金弥补地方政府财力缺口后，将额外资源用于能带来个人政绩和部门利益的支出项目，导致资金使用的边际效益较低，不利于提高公共服务的供给效率。目前，按照标准财力差距分配转移支付的做法虽然比较科学有效，但缺乏对公平的考虑，因此，必须按以下思路来完善均衡性转移支付资金分配办法。

均衡性转移支付制度是为了调节地区间财力分配格局，促进地区经济和社会均衡发展，从而实现社会公平，其横向平衡效应最终落脚点是实现公共服务水平的均等化。这是因为：公共服务水平通常是以人均财政支出来衡量的，即在不考虑公共服务供给成本的差异情况下，人均基本公共服务支出应该相等，这样说来，均衡性转移支付旨在使地区间人均财政支出均等化，而为了达到收支平衡，转移支付后的人均财政收入应当大致等于人均财政支出。因此在进行均衡性转移支付规模的测算时，应该进一步完善均衡性转移支付规模的测算办法和资金的分配方式，核算地方标准收入和标准支出的人均值的差额，使资金更多地流向贫困地区，充分发挥财力均等化的作用，实现中央政府的政策目标。为避免地区间经济发展水平的差异对地区间标准支出的影响，在测算地方"标准支出"中加入"地区间该项支出的成本差异系数"，然后再按照如下公式计算：支出项目的标准化支出＝测算单位×标准单位成本×该项目支出的成本差异系数，以此保证地方政府均衡性转移支付规模既要有利于激励地方财政积极性，又要有利于保证地区间形成"既竞争，又合作"的良性关系。此外，均衡性转移支付资金分配应公开、透明和规范，减少部门环节、减少审批环节，避免"跑部钱进"，只有这样才能更好地兼顾公平与效率原则，促进中国地方公共服务发展和均等化，提高全社会福利水平。

7.2.3 合理构建均衡性转移支付的激励机制和约束机制

为了提高均衡性转移支付资金的使用效率，激励受助地区努力发展经济、足额征集财政收入，以及节约财政资源、提高公共经济效率，避免地方政府对均衡性转移支付产生依赖，必须在均衡性转移支付制度当中设计激励机制。这种激励机制既可以体现在以标准财政收支为依据的均衡性转移支付的资金分配办法中，也可以在一般公式法的基础上，根据地方"财政需求、财政能力、财政努力程度"等设计激励指标，按适当权数对均衡性转移支付资金进行分配。比如：先对近年来财政缺口较大的地区设置最低保障线，这种最低保障线与最低公共服务标准相一致。再对长期以来财政能力较差的地区进行相应的鞭策，这主要依据地区标准财政收入与标准财政支出之间的差额占标准收入的比重，通过确定转移支付系数来完成，并且，在具体操作中，转移支付系数应通过实践反复调整。此外，要对财政能力较强的地区采取激励措施。如在我国现行均衡性转移支付的制度设计中，对于标准财政收入大于标准财政支出的地区，可以采取减少下一年的税收返还数额来对较发达地区的利益进行调整，从而达到激励地方政府增强自身发展能力，充裕地方政府财力的效果。只有尽快改善地区经济发展不均衡的局面，才能从根本上解决地区间财力不均衡的问题，提高地方公共服务水平，在实现公平目标的同时兼顾效率。

均衡性转移支付制度无论是在平衡地区间财政能力还是在解决地区的公共商品供给问题上，都必须起到正向激励作用，通过这种激励来引导资源的有效配置，从而实现中央政府的宏观调控目标（尹恒，2015）。然而，从前文的研究可知，均衡性转移支付的制度缺陷和预算软约束影响了地方政府的财政收支行为，总体上均衡性转移支付规模越大，地方政府支出规模就越大，出现明显的"粘蝇纸效应"，中央政府通过均衡性转移支付对地方财力和公共物品的补给效果很大程度上受到其影响，并且容易造成地方政府之间的恶性竞争，严重影响了我国的财政运行效率。因此，完善我国均衡性转移支付制度要保障地方政府收支行为的规范化，建立约束机制来规避地方政府的道德风险，这种约束机制既可以体现在均衡性转移支付资金分配的一般公式法中核定地方政府标准财政支出时，也可以体现在直接设置独立的约束性指标之中，以此提高均衡性转移支付资金的使用效率，维护地方政府间"既竞争，又合作"的良性关系，以便最大限度地发挥转移支付制度公平与效率的政策作用，这是完善均衡性转移支付制度的关键。

7.2.4　构建均衡性转移支付绩效监督体系，提高预算透明度

从我国的现状来看，地方政府一方面在竞争性领域浪费了过多的财力，降低了市场配置效率；另一方面在民生领域投入过少，影响了社会公平，并且对中央政府下拨的均衡性转移支付资金也倾向

于投入到竞争性领域，使得均衡性转移支付的公共服务供给效率难以得到提高，这说明均衡性转移支付资金在分配过程中存在不透明、不规范的地方，资金在使用过程中又缺乏有力的监管和质量考评，这些都会导致转移支付的效率损失。

首先，中央政府应该构建一套完整、客观、科学的评估和监督体系，引导均衡性转移支付的监督工作从传统的合规性监督向绩效监督转变，定时对接受均衡性转移支付的地区进行随机抽验，对预算支出情况开展绩效评价，设定绩效评价指标体系，同时建立指标调整机制，在实践中不断完善和修正，尽可能最大限度地降低绩效评价中主观因素的不良影响，对均衡性转移支付资金使用绩效进行评估。要求强化绩效监督，对均衡性转移支付的绩效监督要把重点放在均衡性转移支付是否达到预期目标以及公共服务均等化效果方面，提高国家的财政资金的配置效率和资金的使用效率（丁玮蓉，2016）。

其次，要改变现行的以 GDP 考核为主的官员晋升的政治激励，在官员绩效评估机制中加入衡量公共服务水平提升的指标，以此调动地方政府提高公共品供给效率的积极性，加强对地方政府用于自身公共服务类支出的透明化管理，严格制定均衡性转移支付预算程序，硬化预算约束机制，把均衡性转移支付所放大的公共支出用于改善民生和提高人民生活水平等方面，增强财政监督水平和能力，不断完善我国财政体制，保证地方财政支出与当地居民的需求基本一致。

最后，从制度设计上适度下放地方管理事务权限，激发其自我发展动力，改变贫困地区在"财权事权不平等"框架下形成的依赖上级资金的行为模式，也将是一种兼顾"效率"和"公平"的有效方式。

7.2.5 建立规范的均衡性转移支付的配套措施

建立规范的、完善的均衡性转移支付制度是一项政策性强、工作量大、技术性复杂的系统工程，不可能一蹴而就，还需要其他配套措施的协调和配合。

7.2.5.1 建立权威的均衡性转移支付的管理机构

为了均衡性转移支付的决策和执行能得到有效的制衡，确保均衡性转移支付制度规范化、权威化，可以借鉴发达国家的经验，建立规范的均衡性转移支付的管理机构，主要包括以下工作职能：第一，影响均衡。应该具备专业化优势，建立相应的数据库，负责搜集、处理和保管政府提供公共服务的有关政策信息和数据材料，组织设计、修正和调整转移支付方案，在核定地方政府的支出需求和财政能力过程中，统筹考虑各方面因素，对均衡性转移支付额进行测算，使之更符合各地区的实际情况，这样有利于实现均衡性转移支付制度的科学性、规范性和合理性。避免由于数据的不完整和不可靠而造成标准财政收支计算结果误差，影响均衡性转移支付资金分配效果。第二，对均衡性转移支付绩效进行考核、评价。加大对地方政府支出行为的监管力度，激励地方政府的财政努力，减少均衡性转移支付使用的主观随意性，不断提高资金的使用效率，使均衡性转移支付的社会效益与经济效益最大化。第三，在机构设置及职权划分方面采取必要的制衡措施，减少中央对均衡性转移支付的行政干预，这样有利于提高我国财政预算透明度，从而使均衡性转移支付资金得到公正、公平分配。

7.2.5.2 加强均衡性转移支付的法治建设

在我国建设民主法治国家的大背景下，均衡性转移支付监督要做到依法监督、严格执法，这就需要加快均衡性转移支付的立法进程，确立均衡性转移支付监管制度的法律地位，确定均衡性转移支付的目标、原则，合理划分中央与地方各级政府之间的财力与事权等，调整现行均衡性转移支付资金安排，为进一步加强均衡性转移支付监管、规范均衡性转移支付行为提供法律保障。通过立法明确规定基本公共服务范围及其在政府支出中所占比重，调整现行财政转移支付资金安排：严格限定均衡性转移支付资金的使用方向——公共服务领域，避免这些补助资金转变为投资。

除此之外，可以借鉴国外的成功经验，尽快颁布并实施《中华人民共和国财政转移支付法》，明确规定均衡性转移支付监管单位的监管工作职责、程序、权限、方式及法律责任，坚决杜绝均衡性转移支付的主观性和盲目性。在均衡性转移支付监管工作中，把财政部门对均衡性转移支付运行的"事中监督"和人大对均衡性转移支付预算审批的"事前监督"，以及审计部门对均衡性转移支付资金使用情况的"事后监督"三者结合起来，从而使均衡性转移支付监督实现全方位覆盖，保证我国均衡性转移支付制度在法制化和规范化的轨道上有序运行。

与此同时，加快推进均衡性转移支付监督的相关法律法规的配套建设，结合我国现阶段的公共财政体制改革及财政法律体系的健全完善，按照新《预算法》中有关财政转移支付的规定，各级人大、财政部门可根据本地实际情况，制定与本地相适应的、具有地方特色的法规及行政条例，约束本地区的均衡性转移支付行为，为均衡性转移支付监管工作提供多层次的法律保障。

参考文献

连续出版物

[1] 吴俊培、龚旻：《基于公共预算中性的事权划分及其财力约束研究》，《财政研究》2015 年第 5 期。

[2] 吴俊培、郭柃沂：《论效率与公平的税收制度》，《税务研究》2016 年第 1 期。

[3] 吴俊培、张帆、龚旻：《我国一般税与市场化程度关系的实证研究》，《税务研究》2015 年第 4 期。

[4] 吴俊培、张帆：《基于税收管理体制对中国税制改革探讨》，《中央财经大学学报》2015 年第 1 期。

[5] 吴俊培、龚旻：《一般公共预算透明的制度安排研究》，《财贸经济》2015 年第 9 期。

[6] 吴俊培、丁玮蓉、龚旻：《财政分权对中国环境质量影响的实证分析》，《财政研究》2015 年第 11 期。

[7] 曹俊文、罗良清：《转移支付的财政均等化效果实证分析》，《统计研究》2006 年第 1 期。

[8] 常世旺、李齐云：《中国省级税收负担与征管绩效：基于主体税种的研究》，《财贸经济》2011 年第 5 期。

［9］ 丁玮蓉：《论我国一般转移支付监管体系的完善与优化》，《财政监督》2016年第5期。

［10］ 范子英、张军：《中国如何在平衡中牺牲了效率：转移支付的视角》，《世界经济》2010年第11期。

［11］ 范子英、田彬彬：《税收竞争、税收执法与企业避税》，《经济研究》2013年第9期。

［12］ 伏润民、王卫昆、常斌：《我国规范的省对县（市）均衡性转移支付制度研究》，《经济学》（季刊）2012年第1期。

［13］ 伏润民、常斌、缪小林：《我国地区间公共事业发展成本差异评价研究》，《经济研究》2010年第4期。

［14］ 伏润民、常斌、缪小林：《我国省对县（市）一般性转移支付的绩效评价——基于DEA二次相对效益模型的研究》，《经济研究》2008年第11期。

［15］ 高培勇：《中国税收持续高速增长之谜》，《经济研究》2006年第12期。

［16］ 葛乃旭：《重建我国政府间转移支付制度的构想》，《财贸经济》2005年第1期。

［17］ 谷成：《基于财政均等化的政府间转移支付制度设计》，《财贸经济》2010年第6期。

［18］ 付文林、沈坤荣：《均等化转移支付与地方财政支出结构》，《经济研究》2012年第5期。

［19］ 樊丽明、李华：《中西部地区产业发展与相关财税政策》，《财贸经济》2001年第6期。

［20］ 傅勇：《财政分权、政府治理与非经济性公共物品供给》，《经济研究》2010年第8期。

［21］ 龚锋、卢洪友：《机会平等与财政转移支付》，《财经问题研

究》2010 年第 11 期。

[22] 郭庆旺、贾俊雪、高立：《中央财政转移支付与地区经济增长》，《世界经济》2009 年第 12 期。

[23] 胡洪曙：《粘蝇纸效应及其对公共产品最优供给的影响》，《经济学动态》2011 年第 6 期。

[24] 胡祖铨、黄夏岚、刘怡：《中央对地方转移支付与地方征税努力——来自中国财政实践的证据》，《经济学》（季刊）2013 年第 3 期。

[25] 贾晓俊、岳希明：《我国均衡性转移支付资金分配机制研究》，《经济研究》2012 年第 1 期。

[26] 贾晓俊、岳希明：《我国不同形式转移支付财力均等化效应研究》，《经济理论与经济管理》2015 年第 1 期。

[27] 贾晓俊、岳希明、王怡璞：《分类拨款、地方政府支出与基本公共服务均等化——兼谈我国转移支付制度改革》，《财贸经济》2015 年第 4 期。

[28] 贾智莲、卢洪友：《财政分权与教育及民生类公共品供给的有效性——基于中国省级面板数据的实证分析》，《数量经济技术经济研究》2010 年第 6 期。

[29] 米增渝、刘霞辉、刘穷志：《经济增长与收入不平等：财政均衡激励政策研究》，《经济研究》2012 年第 12 期。

[30] 何强、董志勇：《转移支付、地方财政支出与居民幸福》，《经济学动态》2015 年第 2 期。

[31] 吕炜、赵佳佳：《中国转移支付的粘蝇纸效应与经济绩效》，《财政研究》2015 年第 9 期。

[32] 马拴友、于红霞：《转移支付与地区经济收敛》，《经济研究》2003 年第 3 期。

［33］ 刘溶沧、焦国华：《地区间财政能力差异与转移支付制度创新》，《财贸经济》2002 年第 6 期。

［34］ 刘成奎、王朝才：《城乡基本公共服务均等化指标体系研究》，《财政研究》2011 年第 8 期。

［35］ 刘怡、刘维刚：《转移支付对地方支出规模影响——来自全国县级面板数据的证据》，《经济科学》2015 年第 2 期。

［36］ 刘怡、刘维刚：《税收分享对地方征税努力的影响——基于全国县级面板数据的研究》，《财政研究》2015 年第 3 期。

［37］ 刘怡、刘维刚：《税收分享、征税努力与地方公共支出行为——基于全国县级面板数据的研究》，《财贸经济》2015 年第 6 期。

［38］ 刘穷志：《收入不平等、政策偏向与最优财政再分配政策》，《中南财经政法大学学报》2011 年第 2 期。

［39］ 刘穷志：《收入不平等与再分配职能在中央财政与地方财政之间分解》，《财贸经济》2011 年第 5 期。

［40］ 刘穷志、吴晔：《收入不平等与财政再分配：富人俘获政府了吗》，《财贸经济》2014 年第 3 期。

［41］ 刘穷志：《公共支出归宿：中国政府公共服务落实到贫困人口手中了吗?》，《管理世界》2007 年第 4 期。

［42］ 刘穷志：《转移支付激励与贫困减少——基于 PSM 技术的分析》，《中国软科学》2010 年第 9 期。

［43］ 卢洪友、袁光平、陈思霞等：《土地财政根源："竞争冲动"还是"无奈之举"? ——来自中国地市的经验证据》，《经济社会体制比较》2011 年第 1 期。

［44］ 卢洪友、卢盛峰、陈思霞：《关系资本、制度环境与财政转移支付有效性——来自中国地市一级的经验证据》，《管理世界》2011 年第 7 期。

[45] 卢洪友、陈思霞：《谁从增加的财政转移支付中受益——基于中国县级数据的实证分析》，《财贸经济》2012 年第 4 期。

[46] 龚锋、卢洪友：《财政分权与地方公共服务配置效率——基于义务教育和医疗卫生服务的实证研究》，《经济评论》2013 年第 1 期。

[47] 龚锋、李智：《援助之手还是激励陷阱——中国均衡性转移支付的有效性评估》，《经济评论》2016 年第 5 期。

[48] 卢盛峰、周洋：《中国公共服务均等性评估及影响因素分析——基于 CHNS 数据的实证研究》，《财贸研究》2014 年第 3 期。

[49] 李建军、肖育才：《税收征管存在"粘蝇纸"效应吗》，《南开经济研究》2012 年第 2 期。

[50] 李永友、沈玉平：《财政收入垂直分配关系及其均衡增长效应》，《中国社会科学》2010 年第 6 期。

[51] 李永友：《转移支付与地方政府间财政竞争》，《中国社会科学》2015 年第 10 期。

[52] 李晖：《省内转移支付对县际财力均等化效应的影响：基于 H 省的实证分析》，《武汉大学学报》（哲学社会科学版）2014 年第 2 期。

[53] 李丹、刘小川：《政府间财政转移支付对民族扶贫县财政支出行为影响的实证研究——基于 241 个民族扶贫县的考察》，《财经研究》2014 年第 1 期。

[54] 李涛、黄纯纯、周业安：《税收、税收竞争与中国经济增长》，《世界经济》2011 年第 4 期。

[55] 吕炜、赵佳佳：《中国转移支付的粘蝇纸效应与经济绩效》，《财政研究》2015 年第 9 期。

[56] 吕炜、番绍立、樊静丽等：《我国农民工市民化政策对城乡收

入差距影响的实证研究——基于 CGE 模型的模拟分析》，《管理世界》2015 年第 7 期。

[57] 吕冰洋、郭庆旺：《中国税收高速增长的源泉：税收能力和税收努力框架下的解释》，《中国社会科学》2011 年第 2 期。

[58] 廖楚晖：《政府教育支出区域间不平衡的动态分析》，《经济研究》2004 年第 6 期。

[59] 马拴友、于红霞：《转移支付与地区经济收敛》，《经济研究》2003 年第 3 期。

[60] 毛捷、汪德华、白重恩：《民族地区转移支付、公共支出差异与经济发展差距》，《经济研究》2011 年第 S2 期。

[61] 毛捷、吕冰洋、马光荣：《转移支付与政府扩张：基于"价格效应"的研究》，《管理世界》2015 年第 7 期。

[62] 倪红日、张亮：《基本公共服务均等化与财政管理体制改革研究》，《管理世界》2012 年第 9 期。

[63] 乔宝云、范剑勇、彭骥鸣：《政府间转移支付与地方财政努力》，《管理世界》2006 年第 3 期。

[64] 乔晓楠、段小刚：《总量控制、区际排污指标分配与经济绩效》，《经济研究》2012 年第 10 期。

[65] 钱学锋、黄玖立、黄云湖：《地方政府对集聚租征税了吗？——基于中国地级市企业微观数据的经验研究》，《管理世界》2012 年第 2 期。

[66] 吉黎、毛程连、林志威：《转移支付、税收努力与企业避税——基于中国工业企业的实证研究》，《中央财经大学学报》2015 年第 3 期。

[67] 江杰、李志慧：《地方财政能力差异与转移支付均等化效应分析——基于湖南的实证研究》，《地方财政研究》2006 年第

3 期。

[68] 沈坤荣、付文林：《税收竞争、地区博弈及其增长绩效》，《经济研究》2006 年第 6 期。

[69] 孙开：《财政转移支付手段整合与分配方式优化研究》，《财贸经济》2009 年第 7 期。

[70] 苏孜、宋爱军：《试论财政转移支付绩效评价指标体系设计》，《财会研究》2015 年第 8 期。

[71] 宋小宁、陈斌、梁若冰：《一般性转移支付：能否促进基本公共服务供给》，《数量经济技术经济研究》2012 年第 7 期。

[72] 唐沿源：《均等化转移支付一定会损害效率吗？——基于财政竞争、SVAR 模型的分析》，《云南财经大学学报》2013 年第 4 期。

[73] 陶然、陆曦、苏福兵：《地区竞争格局演变下的中国转轨：财政激励和发展模式反思》，《经济研究》2009 年第 7 期。

[74] 汤玉刚、苑程浩：《不完全税权、政府竞争与税收增长》，《经济学》（季刊）2011 年第 1 期。

[75] 汤学兵：《论中国区际基本公共服务均等化的路径选择和保障机制》，《财贸经济》2009 年第 7 期。

[76] 田侃、亓寿伟：《转移支付、财政分权对公共服务供给的影响——基于公共服务分布和区域差异的视角》，《财贸经济》2013 年第 4 期。

[77] 王小龙、方金金：《财政"省直管县"改革与基层政府税收竞争》，《经济研究》2015 年第 11 期。

[78] 王永培、晏维龙：《产业集聚的避税效应——来自中国制造业企业的经验证据》，《中国工业经济》2014 年第 12 期。

[79] 王佳杰、童锦治，李星：《税收竞争、财政支出压力与地方非

税收入增长》，《财贸经济》2014 年第 5 期。

[80] 王奇、王会、陈海丹：《中国农业绿色全要素生产率变化研究：1992～2010 年》，《经济评论》2012 年第 5 期。

[81] 王德祥、张权：《转移支付收入对县（市）经济增长的实证研究——基于吉林省 2005 年 50 个县（市）数据的分析》，《税务与经济》2010 年第 1 期。

[82] 温来成：《城市社区公共服务能力与政府预算管理创新》，《财贸经济》2011 年第 9 期。

[83] 吴强：《税收竞争理论综述》，《经济评论》2009 年第 5 期。

[84] 吴强，李楠：《我国财政转移支付及税收返还变动对区际财力均等化影响的实证分析》，《财政研究》2016 年第 3 期。

[85] 熊波：《公共服务均等化视角下的财政转移支付：理论、现实与出路》，《经济体制改革》2009 年第 2 期。

[86] 谢贞发、范子英：《中国式分税制、中央税收征管权集中与税收竞争》，《经济研究》2015 年第 4 期。

[87] 余珊、丁忠民：《"粘蝇纸效应"在我国政府间财政转移支付中的实证研究——基于一般性转移支付资金的研究》，《重庆工商大学学报》（社会科学版）2008 年第 3 期。

[88] 杨龙见、徐琰超、尹恒：《转移支付形式会影响地方政府的收支行为吗？——理论研究和经验分析》，《财经研究》2015 年第 7 期。

[89] 尹恒、康琳琳、王丽娟：《政府间转移支付的财力均等化效应——基于中国县级数据的研究》，《管理世界》2007 年第 1 期。

[90] 尹恒、朱虹：《中国县级地区财力缺口与转移支付的均等性》，《管理世界》2009 年第 4 期。

[91] 杨灿明：《我国"十五"期间的经济发展与财政政策选择》，《财贸经济》2000 年第 3 期。

[92] 杨子荣、代军勋、葛伟：《新常态下中国经济增长动力切换研究——基于区域差异视角分析》，《当代经济科学》2015 年第 6 期。

[93] 杨加猛、张智光、刘忠信：《财政转移支付的绩效评价分析——来自江苏的实践》，《财会通讯》（学术版）2007 年第 5 期。

[94] 袁飞、陶然、徐志刚：《财政集权过程中的转移支付和财政供养人口规模膨胀》，《经济研究》2008 年第 5 期。

[95] 曾红颖：《我国基本公共服务均等化标准体系及转移支付效果评价》，《经济研究》2012 年第 6 期。

[96] 曾军平：《政府间转移支付制度的财政平衡效应研究》，《经济研究》2000 年第 6 期。

[97] 张恒龙、陈宪：《财政竞争对地方公共支出结构的影响——以中国的招商引资竞争为例》，《经济社会体制比较》2006 年第 6 期。

[98] 张晏、龚六堂：《地区差距、要素流动与财政分权》，《经济研究》2004 年第 7 期。

[99] 中国基层政府财政改革课题组：《推进中国基层财政体制改革》，《财贸经济》2006 年第 8 期。

[100] 周黎安、刘冲、厉行：《税收努力、征税机构与税收增长之谜》，《经济学》（季刊）2012 年第 1 期。

[101] 周黎安、陈祎：《县级财政负担与地方公共服务：农村税费改革的影响》，《经济学》（季刊）2015 年第 2 期。

[102] 朱青：《完善我国地方税体系的构想》，《财贸经济》2014 年第 5 期。

[103] 朱柏铭:《从性价比角度看"基本公共服务均等化"》,《财贸经济》2008 年第 10 期。

[104] Afonso, A, Furceri, D., "Government Size, Composition, Volatility and Economic Growth", *European Journal of Political Economy* 26 (4), 2010, pp. 517 – 532.

[105] Albuquerque, B., "Fiscal Institutions and Public Spending Volatility In Europe", *Economic Modelling* 28 (6), 2011, pp. 2544 – 2559.

[106] Alesina, A, Perotti R., "Income Distribution, Political Instability, and Investment", *European Economic Review* 40 (6), 1996, pp. 1203 – 1228.

[107] Atkinson, A. B., "On The Measurement of Inequality", *Journal of Economic Theory* 2 (3), 1970, pp. 244 – 263.

[108] Barro, R. J., "Unanticipated Money Growth and Unemployment In the United-States-Reply", *American Economic Review* 69 (5), 1979, pp. 1004 – 1009.

[109] Barro, R. J., "Unanticipated Money Growth and Unemployment In The United States", *Kingston, Ont.: Institute For Economic Research*, Queen's University, 1976, p. 31.

[110] Baskaran, T., "Soft Budget Constraints and Strategic Interactions In Subnational Borrowing: Evidence From The German States, 1975 – 2005", *Journal of Urban Economics* 71 (1), 2012, pp. 114 – 127.

[111] Battese, G. E., Broca S S., "Functional Forms of Stochastic Frontier Production Functions and Models For Technical Inefficiency Effects: A Comparative Study For Wheat Farmers In Pakistan",

Journal of Productivity Analysis 8 （4）, 1997, pp. 395 – 414.

［112］ Battese. G, E. , Tessema, G. A. , "Estimation of Stochastic Frontier Production-Functions With Time-Varying Parameters and Technical Efficiencies Using Panel-Data From Indian Villages", *Agricultural Economics* 9 （4）, 1993, pp. 313 – 333.

［113］ Becker, E. , "The Illusion of Fiscal Illusion: Unsticking the Flypaper Effect", *Public Choice* 86 （1 – 2）, 1996, pp. 85 – 102.

［114］ Boadway, R. N. , M. M. Marchard, "Investment in Education and the Time Inconsistency of Redistribution Tax Policy", *Econometric* 63, 1996, pp. 171 – 189.

［115］ Boadway, R. , Marceau, N, Marchand, M. , "Investment in Education and the Time Inconsistency of Redistributive Tax Policy" . *Economica* 63 （250）, 1996, pp. 171 – 189.

［116］ Borge, L. E. , "Lump-Sum Intergovernmental Grants Have Price Effects-A Note", *Public Finance Quarterly* 23 （2）, 1995, pp. 271 – 274.

［117］ Bradford, D. F. , Oates, W. E. , "Towards a Predictive Theory of Intergovernmental Grants", *American Economic Review* 61 （2）, 1971, pp. 440 – 448.

［118］ Buchanan, J. M. , "The Theory of Public-Finance", *Southern Economic Journal* 26 （3）, 1960, pp. 234 – 238.

［119］ Bucovetsky, S. , Smart, M. , "The Efficiency Consequences of Local Revenue Equalization: Tax Competition and Tax Distortions", *Journal of Public Economic Theory* 8 （1）, 2006, pp. 119 – 144.

［120］ Butler J S, Moffitt R. , "A Computationally Efficient Quadrature

Procedure for the One-Factor Multinomial Probit Model", *Econometrica* 50 (3), 1982, pp. 761 - 764.

[121] Case, A. C., Rosen, H. S., Hines, J. R., "Budget Spillovers and Fiscal-Policy Interdependence-Evidence From the States", *Journal of Public Economics* 52 (3), 1993, pp. 285 - 307.

[122] Case, A. C., Rosen, H. S., Hines, J. R., "Budget Spillovers and Fiscal Policy Interdependence: Evidence From The States", *Journal of Public Economics* 52 (3), 1993, pp. 285 - 307.

[123] Caves, D. W., Christensen, L. R., Diewert. W. E., "The Economic-Theory of Index Numbers and the Measurement of Input, Output, and Productivity", *Econometrica* 50 (6), 1982, pp. 1393 - 1414.

[124] Chari, V. V., Jones, L. E., Marimon, R., "The Economics of Split-Ticket Voting in Representative Democracies", *American Economic Review* 87 (5), 1997, pp. 957 - 976.

[125] Charnes, A., Cooper, W. W., Rhodes, E., "Measuring the Efficiency of Decision-Making Units", *European Journal of Operational Research* 3 (4), 1979, p. 339.

[126] Crumpler, H., Grossman, P. J., "An Experimental Test of Warm Glow Giving", *Journal of Public Economics* 92 (5), 2008, pp. 1011 - 1021.

[127] Dahlby, B., "The Marginal Cost of Public Funds and the Flypaper Effect", *International Tax and Public Finance* 18 (3), 2011, pp. 304 - 321.

[128] Dahlby, B., "The Marginal Cost of Public Funds", *The Mit Press* 1 (6), 2008, p. 3.

[129] Deller, S. C. , Maher, C. S. , "Categorical Municipal Expenditures with a Focus on the Flypaper Effect", *Public Budgeting & Finance* 25 (3), 2005, pp. 73 - 90.

[130] Dougan, W. R. , Kenyon, D. A. , "Pressure Groups and Public-Expenditures-The Flypaper Effect Reconsidered", *Economic Inquiry* 26 (1), 1988, pp. 159 - 170.

[131] F. K, E. A, Prescott. , "Rules Rather than Discretion: The Inconsistency of Optiaml Plans", *Journal of Political Economy* (3), 1977, pp. 473 - 491.

[132] Feldstein, M. S. , "Wealth Neutrality and Local Choice In Public Education", *American Economic Review* 65 (1), 1975, pp. 75 - 89.

[133] Ferejohn, J. , "Incumbent Performance and Electoral Control", *Public Choice* 50 (1 - 3), 1986, pp. 5 - 25.

[134] Ferejohn, J. , Krehbiel, K. , "The Budget Process and the Size of the Budget", *American Journal of Political Science* 31 (2), 1987, pp. 296 - 320.

[135] Filimon, R. , Romer, T. , Rosenthal, H. , "Asymmetric Information and Agenda Control-The Bases of Monopoly Power in Public Spending", *Journal of Public Economics* 17 (1), 1982, pp. 51 - 70.

[136] Follain, J. R. , "The Price Elasticity of the Long-Run Supply of New Housing Construction", *Land Economics* 55 (2), 1979, pp. 190 - 199.

[137] Gamkhar, S. , Oates, W. , "Asymmetries in the Response to Increases and Decreases in Intergovernmental Grants: Some Empirical Findings", *National Tax Journal*, 1996, pp. 501 - 512.

[138] Gramlich, E. M. , "Federalism and Federal Deficit Reduction", *National Tax Journal* 40 (3), 1987, pp. 299 – 313.

[139] Hamilton, J. H. , "The Flypaper Effect and the Deadweight Loss From Taxation", *Journal of Urban Economics* 19 (2), 1986, pp. 148 – 155.

[140] Harberger, A. C. , "The Incidence of the Corporation Income Tax", *The Journal of Political Economy*, 1962, pp. 215 – 240.

[141] Heyndels, B. , "Asymmetriesin the Flypaper Effect: Empirical Evidence for the Flemish Municipalities", *Applied Economics* 33 (10), 2001, pp. 1329 – 1334.

[142] Heyndels, B. , "Asymmetries in the Flypaper Effect: Empirical Evidence for the Flemish Municipalities", *Applied Economics* 33 (10), 2001, pp. 1329 – 1334.

[143] Hindriks, J. , Peralta, S. , Weber, S. , "Competing in Taxes and Investment Under Fiscal Equalization", *Journal of Public E-conomics* 92 (12), 2008, pp. 2392 – 2402.

[144] Hines, J. R. , Thaler, R. H. , "Anomalies: The Flypaper Effect", *The Journal of Economic Perspectives* 9 (4), 1995, pp. 217 – 226.

[145] Holm-Hadulla, F. , Hauptmeier, S. , Rother, P. , "The Impact of Expenditure Rules On Budgetary Discipline Over The Cycle", *Applied Economics* 44 (25), 2012, pp. 3287 – 3296.

[146] Hsieh, C. , Klenow, P . J. , "Development Accounting", *A-merican Economic Journal-Macroeconomics* 2 (1), 2010, pp. 207 – 223.

[147] J. A, K. L, P. S. , "Formulation and Estimation of Stochastic Frontier Production Function Models", *Journa L of Econometrics*

(6), 1977, pp. 21 – 37.

[148] Jha, S. , Mallick, S. K. , Park, D,, et al. , "Effectiveness of Countercyclical Fiscal Policy: Evidence from Developing Asia", *Journal of Macroeconomics* 40, 2014, pp. 82 – 98.

[149] Kakwani, N. , "On a Class of Poverty Measures", *Econometrica: Journal of The Econometric Society*, 1980, pp. 437 – 446.

[150] Karnik, A. , Lalvani, M. , "Flypaper Effect Incorporating Spatial Interdependence", *Review of Urban & Regional Development Studies* 20 (2), 2008, pp. 86 – 102.

[151] King Alexander, F. , "Comparative Study of State Tax Effort and the Role of Federal Government Policy in Shaping Revenue Relience Patterns ", *New Directions for Institutional Research* (119), 2003, pp. 13 – 25.

[152] Kornai, J. , "The Soft Budget Constraint", *Kyklos* 39 (1), 1986, pp. 3 – 30.

[153] Kydland, F. E. , Prescott, E. C. , "Dynamic Optimal Taxation, Rational-Expectations and Optimal-Control", *Journal of Economic Dynamics & Control* 2 (1), 1980, pp. 79 – 91.

[154] Lerman, R. I, Yitzhaki. S. , "Income Inequality Effects by Income Source: A New Approach and Applications to the United States", *The Review of Economics and Statistics*, 1985, pp. 51 – 156.

[155] Lucas, R. E. , "On the Mechanics of Economic-Development", *Journal of Monetary Economics* 22 (1), 1988, pp. 3 – 42.

[156] Mauro, P. , "Corruption and the Composition of Government Expenditure", *Journal of Public Economics* 69 (2), 1998, pp. 263 – 279.

[157] Meeusen, W. , Vandenbroeck, J. , "Efficiency Estimation from Cobb-Douglas Production Functions with Composed Error", *International Economic Review* 18 (2) , 1977, pp. 435 – 445.

[158] Megdal, S. B. , "The Flypaper Effect Revisited-An Econometric Explanation", *Review of Economics and Statistics* 69 (2) , 1987, pp. 347 – 351.

[159] Niskanen, W. A. , "The Peculiar Economics of Bureaucracy", *The American Economic Review* 58 (2) , 1968, pp. 293 – 305.

[160] Oates, W. E. , "Federalism and Government Finance", *Modern Public Finance*, 1994, p. 126.

[161] Oates, W. E. , "Searching for Leviathan: An Empirical Study", *The American Economic Review* 75 (4) , 1985, pp. 748 – 757.

[162] Oates, W. E. , "Lump-Sum Intergovernmental Grants Have Price Effects", *Fiscal Federalism and Grants-In-Aid*, 1979, pp. 23 – 30.

[163] Qian, Y . Y. , Weingast, B. R. , "Federalism as a Commitment to Preserving Market Incentives", *Journal of Economic Perspectives* 11 (4) , 1997, pp. 83 – 92.

[164] Rajaraman, I. , Vasishtha, G. , "Impact of Grants on Tax Effort of Local Government", *Economic and Political Weekly*, 2000, pp. 2943 – 2948.

[165] Sacchi, A. , Salotti, S. , "The Impact of National Fiscal Rules On T the Stabilisation Function of Fiscal Policy", *European Journal of Political Economy* (37) , 2015, pp. 1 – 20.

[166] Shorrocks, A. F. , "Ranking Income Distributions", *Economica* 50 (197) , 1983, pp. 3 – 17.

[167] Spahn, P. B. , "Financial Behavior of State-Local Governments

in Australia", *Australian Economic Papers* 18 （32）, 1979, pp. 200 – 205.

[168] Stine, W. F., "Is Local Government Revenue Response to Federal Aid Symmetrical? Evidence From Pennsylvania County Governments in an Era of Retrenchment", *National Tax Journal*, 1994, pp. 799 – 816.

[169] Tiebout, C. M., "A Pure Theory of Local Expenditures", *Journal of Political Economy* 64 （5）, 1956, pp. 416 – 424.

[170] Turnbull, G. K., "The Overspending and Flypaper Effects of Fiscal Illusion: Theory and Empirical Evidence", *Journal of Urban Economics* 44 （1）, 1998, pp. 1 – 26.

[171] Vonhagen, J, Harden, I. J., "Budget Processes and Commitment to Fiscal Discipline", *European Economic Review* 39 （3 – 4）, 1995, pp. 771 – 779.

专著

[1] 吴俊培:《公共经济学》, 武汉大学出版社, 2009。

[2] 吴俊培:《中国地方政府预算改革研究》, 中国财政经济出版社, 2012。

[3] 〔美〕埃里克·弗鲁博顿、鲁道夫·芮切特:《新制度经济学: 一个交易费用分析范式》, 上海三联书店、上海人民出版社, 2006。

[4] 〔美〕奥尔森:《集体行动的逻辑》, 陈郁等译, （根据美国哈佛大学出版社 1980 年版译出）, 上海三联书店、上海人民出版社, 1995。

[5] 〔美〕鲍德威、威迪逊:《公共部门经济学（第二版)》, 中国

人民大学出版社，2000。

[6] 陈强：《高级计量经济学及 STATA 应用》，高等教育出版社，2010。

[7] 〔美〕费雪：《州和地方财政学》，吴俊培总译校，中国人民大学出版社，2000。

[8] 黄培光：《福利经济学》，中国财政经济出版社，2007。

[9] 〔德〕理查德·马斯格雷夫，佩吉·马斯格雷夫：《财政理论与实践》，中国财政经济出版社，2003。

[10] 卢盛峰：《转型期中国财政再分配效应研究》，中国社会科学出版社，2014。

[11] 李萍、许宗才、李承《财政体制简明图解》，中国财政经济出版社，2010。

[12] 马国贤：《政府预算》，上海财经出版社，2011。

[13] 〔德〕马斯格雷夫：《财政理论与实践（第五版）》，邓子基、邓力平译校，中国财政经济出版社，2003。

[14] 〔苏〕亚当·斯密：《国民财富的性质和原因的研究》，商务印书馆，2010。

[15] 吴胜泽：《中国政府间转移支付制度效率研究》，经济科学出版社，2012。

[16] 谢京华：《政府间财政转移支付制度研究》，浙江大学出版社，2011。

[17] 中华人民共和国财政部编《2005－2007 年政府收支分类科目》，中国财政经济出版社。

[18] 中华人民共和国财政部国库司编《中国地市县财政统计资料（2001~2008 年）》，中国财政经济出版社。

[19] Poterba, M., Von Hagen, J., *Introduction in Fiscal Institutions*

and *Fiscal Performance* （Chicago, US: University of Chicago Press, 1999）, p. 603.

[20] IMF, *Manual on Fiscal Transparency* （International Monetary Fund, 2007）, p. 215.

[21] Khan, A., Hildreth, W., *Budget Theory in the Public Sector* （Greenwood Publishing Group, 2002）, p. 79.

[22] Lee, D., Johnson. W., Joyce, G., *Public Budgeting Systems* （Jones and Bartlett Publishers, 2008）, p. 325.

[23] Olson, M., *Power and Prosperity: Outgrowing Communist and Capitalist Dictatorships*, （Basic Books, 2000）, p. 144.

图书在版编目（CIP）数据

中国均衡性转移支付有效性评估：基于公平与效率视角／丁玮蓉著. -- 北京：社会科学文献出版社，2018.7

（南昌大学青年学者经管论丛）

ISBN 978 - 7 - 5201 - 3064 - 6

Ⅰ.①中…　Ⅱ.①丁…　Ⅲ.①财政转移支付 - 研究 - 中国　Ⅳ.①F812.45

中国版本图书馆 CIP 数据核字（2018）第 154866 号

南昌大学青年学者经管论丛

中国均衡性转移支付有效性评估
——基于公平与效率视角

著　　者／丁玮蓉

出 版 人／谢寿光
项目统筹／周　丽　高　雁
责任编辑／王玉山

出　　版／社会科学文献出版社·经济与管理分社（010）59367226
　　　　　地址：北京市北三环中路甲 29 号院华龙大厦　邮编：100029
　　　　　网址：www. ssap. com. cn
发　　行／市场营销中心（010）59367081　59367018
印　　装／三河市尚艺印装有限公司

规　　格／开　本：787mm×1092mm　1/16
　　　　　印　张：11.25　字　数：154 千字
版　　次／2018 年 7 月第 1 版　2018 年 7 月第 1 次印刷
书　　号／ISBN 978 - 7 - 5201 - 3064 - 6
定　　价／75.00 元